陶南學術研究叢書 ③

옛 문인들의 붓끝에 오르내린 고려시 ②

-고려중기(무신집권기) 편-

김동욱 편역

월인

머리글

이 땅에서는 삼국시대 초기에 이미 한자를 사용하여 문자생활을 해온 것으로 알려져 있다. 그러다가 남북국시대에 빈공제자(賓貢諸子)들이 출현하면서 동방 한문학의 수준은 이른바 국제적인 인증을 받게 되었던 것이다. 고려조에 들어오면서 과거제의 실시, 사학의 흥륭, 문벌의 성립 등으로 한문학은 당시 지배계층의 보편적인 교양으로 자리잡게 되었고, 당시(唐詩)에 비해 손색이 없을 만큼 아름다운 고려의 한시 작품들이 출현하기에 이르렀다.

그러나 오늘날의 한문학 연구자나 한시 독자들은 유독 고려의 한시에 대해서는 편식이 심하였던 것이 사실이다. 특정 시대 혹은 특정 작가의 시작품만이 그들의 입에, 펜 끝에 단골로 오르내리고 있는 것이다. 이에는 여러 가지 원인이 있겠으나, 아직까지 고려시 전반에 대해 일관성 있는 소개가 이루어지지 않았다는 점도 그 원인의 하나로 꼽을 수 있을 듯하다.

필자는 한때 고려시에 매료되어, 이 분야의 권위 있는 전공자들에게는 별반 눈길조차 받지 못한 논문을 몇 편 쓴 일이 있다. 그 사이 우리말로 옮겨 두었던 고려시 가운데 고려와 조선의 주요 시화에서 거론되었던 작품들을 추려 보았다. 그 분량이 적지 않아 고려전기 · 고려중기(무신집권기) · 고려후기 등 세 편으로 나누어 엮었으나, 각 편의 작가나 작품 수가 또한 고르지 않다. 시대가 내려올수록 작가나 작품이 다수 전하고 있기 때문이다.

이 책이 고려시 전반을 체계적으로 소개하는 데는 체재가 소루하고 내용도 턱없이 빈약하지마는, 적어도 고려 · 조선의 유수한 비평가들의 붓끝에 오르내렸던 작가 · 작품만을 가려 소개하였다는 점을 사주기 바랄 뿐이다. 독자 여러분들이 이 책을 통해 지금까지 만나보지 못하였던 작가나 작품에 대해 새롭게 눈길을 줄 수 있는 계기가 될 수 있다면 그나마 다행으로 여기겠다.

그리고 이 보잘것없는 책을 지난 7월 26일 타계하신 은사 임하(林下) 선생의 영전에 바쳐 아둔한 제자의 게으름을 만분의 일이나마 속죄코자 한다.

끝으로, 전편에 이어 이 책을 출간해준 도서출판 월인의 박성복 사장님을 비롯한 편집진 여러분께 깊이 감사를 드린다. 아울러 꼼꼼히 원고정리와 교정을 해준 이희영 군에게도 고마움을 전한다.

을유년 처서일 안서골에서

김 동 욱

일러두기

1. 고려시대를 고려전기, 고려중기(무신집권기), 고려후기로 구분하고, 각 시기에 해당하는 작자 이름의 가나다순에 따라 작품을 제시하였다.

2. 개별 작자에 대하여 간략한 소개를 한 뒤, 설명이 필요한 시어나 용어는 풀이하였고, 작품이 거론된 문헌의 시대 순서로 그 주요 내용을 제시하였다.

3. 같은 문헌에서 해당 작자의 여러 작품을 동시에 거론하고 평한 경우는 그대로 제시하였다.

4. 국역한 작품의 제목은 역자 임의로 붙였으며, 원문 끝에 원 제목을 밝혔다. 단, 원래의 제목이 무엇이었는지 알 수 없는 경우는 ?표로, 분명하지 않은 경우는 제목 우측에 *표를 해두었다.

목차

고려중기

1. 김군수(金君綏)

작자 김군수는 고려 고종 때의 문신으로, 호는 설당(雪堂), 본관은 경주며, 아버지는 돈중(敦中), 할아버지는 부식(富軾)이다. 명종 때 문과에 장원하여 직한림원 · 공주지사 · 예부시랑 · 제도찰방사 · 병마부사 · 좌간의대부 · 서북면병마사 · 중군병마사 등의 벼슬을 역임하였다. 시문에 뛰어나 보조국사비명(普照國師碑銘)을 지었으며, 대나무를 잘 그린 것으로도 유명하였다.

요성역에서

지난 해 단풍이 물들려 할 때
초헌 타고 남쪽 지방에 갔었는데,
올해는 버들이 첫눈 틀 때
깃발 돌려 상감께 조회하러 간다.
만물의 변화는 무상하고,
사시의 운행은 쉬지 않는다.
흐르는 저 냇물 내 마음 같아,
맑고 깨끗하게 한 빛뿐이다.

去歲楓欲丹 乘軺赴南國 今年柳初黃 返旆朝北極
萬物化無常 四時行不息 溪流似我心 澄淨唯一色

<書聊城駅>

평설 제목의 '요성역'은 경상도 문경(聞慶)에 있었다.

제2구의 '남국'은 남쪽 지방을 가리키는 것으로 보인다. 작자는 고종 초에 시랑으로서 제도찰방사가 되어 각도의 민정을 살피러 간 일이 있었다.

제4구의 '북극'은 본디 황제를 가리키는 말이나, 작자가 중국에 사신으로 간 사실은 확인되지 않는다. 작자가 주로 활동하던 고종 때에는 아직 몽고에 복속되기 전이므로 중국에 사신을 보낼 계제가 아니었다. 따라서 '북극'은 고려 고종을 가리키는 말로 이해할 수 있으며, 1218년(고종5) 거란병이 침입해오자 작자가 서북면병마사로 활약한 사실로 미루어 그 명을 받들기 위해 개경으로 올라간 것을 말하는 것으로 보인다.

최자는 ≪보한집≫ 상권에서 최유청(崔惟淸)이 과거를 주재할 때 김돈중(金敦中)이 장원으로 급제하였는데, 최유청의 큰아들인 최선(崔詵)이 과거를 주재할 때 김돈중의 아들인 김군수가 또한 장원으로 급제하였다는 사실을 소개하면서, 김군수는 재주와 식견이 뛰어났고 대나무 그림과 필법이 예사롭지 않았다고 칭찬하였다. 이어서 이 시를 듣고는 사람들이 '온화하고 넉넉하여 맛이 있다'고 말하였다고 하면서, '참으로 대장부가 맡은 일을 행하고자 하는 뜻을 나타낸 시'라고 평하였다.

≪동문선≫ 제4권과 ≪신증동국여지승람≫ 제29권 문경현 역원조에도 이 시가 실려 있다.

정숙공의 시에 차운하여

함께 과거에 급제하여 우열을 견주지 말게나.
급제한 꽃가지에 차례대로 봄이 드는 것을.
정월은 아직 춥고 3월은 따뜻하니,
꽃향기 좋기로는 2월이 으뜸일세.

莫將金榜較嘉賓 入律花枝次第春
正月尙寒三月暖 芳菲二月最宜人

<?>

평설 이 시의 본디 제목은 미상이다.

≪동인시화≫ 하권에 따르면, 고려 명종 때 치른 과거에서 김군수가 장원을 차지하였고, 늘 시부(詩賦)로써 부하던 김인경은 그 다음으로 급제하는 데 그치고 말았다. 뒤에 김인경은 재상의 지위에까지 올랐으나 과거에 장원으로 급제하지 못한 것이 한으로 남게 되었다. 그의 생질인 황보관(皇甫瓘)이 장원으로 급제하여 어느 날 선배 장원들을 초청하는 용두회를 열었을 때, 김인경은 그 자리에 참석할 자격이 없었으므로 시 한 수를 지어 조카에게 보냈는데, 그 자리에 참석하였던 김군수가 이에 차운하여 지은 것이 위의 시다.

당시 과거에 첫째로 급제한 사람을 장원, 둘째로 급제한 사람을 아원(亞元), 셋째로 급제한 사람을 탐화(探花)라고 하였는데, 이 시에서는 장원을 정월에, 아원과 탐화를 각각 2월과 3월에 빗대어 말하였던 것이다.

2. 김극기(金克己)

작자 김극기(?~1209)는 고려 명종 때의 문신으로, 호는 노봉(老峰), 본관은 김해(金海)다. 일찍이 과거에 급제하였으나 벼슬하지 못하고 있다가 무신들이 정권다툼을 치열하게 벌이던 명종 때에 한림(翰林)이 되었다. 뛰어난 문장가로서 특히 농민반란이 계속 일어나던 시대에 핍박받는 농민들의 모습을 애정을 가지고 노래하였으며, 또한 국토산하를 두고 많은 시를 지었다. 당시 문인들이 그의 시를 평하여 "문장의 표현이 맑고 활달하며 말이 많을수록 내용이 풍부하다."고 하였다. 김극기의 문집인 ≪김거사집(金居士集)≫의 서문을 쓴 유승단은 "참으로 난새나 봉황 같은 인물이었다."고 하여 그의 고고한 행적을 찬양했다. 고려말에 간행된 ≪삼한시귀감(三韓詩龜鑑)≫에 의하면 그의 문집은 135권 또는 150권이나 되었다고 하나 지금은 전하지 않고, ≪동문선≫ · ≪동국여지승람≫ 등에 시가 많이 남아 있다.

취해서 부른 노래

낚시를 하면 바다 속 여섯 자라를 낚고야 말 것이요,
활을 쏘면 해 속의 아홉 까마귀를 떨어뜨리고야 말리라.
여섯 자라가 움직이면 온 바다 물고기가 못 견디고,
아홉 까마귀가 나타나면 온 세상 초목이 타 죽으리라.
사나이 본분은 걸출한 일 하는 것.
약한 새나 잔 물고기야 잡아서 무엇하랴.
내 고귀한 핏줄 이어 이 세상에 태어났으니,

장하고 큰 포부를 이루어 보려고 했노라.
돌을 녹여 동남쪽에 무너진 곳도 막고,
막힌 하늘을 뚫어 서북으로 길도 내려하였노라.
슬프다! 그 큰 포부를 쉬 이루지 못하고,
반평생 떠돌이 신세, 썩은 선비가 되고 말았구나.
풍이처럼 농서지방의 외효를 치러 간 적이 없었고,
제갈량 같이 남으로 노수를 건넌 적도 없었노라.
쓰러진 집 아래서 시를 논하고 부를 말하면서,
누더기로 처자식을 감싸안았을 뿐.
때때로 치솟는 울분을 누를 길 없어,
칼을 뽑아 땅을 찍으며 하염없이 탄식했노라.
어느 때나 바람을 타고 큰 물결을 헤쳐내며,
가만 앉아 이 천하를 요순시절처럼 되게 하랴.
그대는 능연각 위에 그린 인물을 보지 못했는가?
그 반은 서생이요, 나머지 반은 무부라네.

釣必連海上之六鰲 射必落日中之九烏
六鰲動兮魚龍震盪 九烏出兮草木焦枯
男兒要自立奇節 弱羽纖鱗安足誅
紫纓雲孫始墮地 自謂壯大陳雄圖
鍊石欲補東南缺 鑿空將通西北迂
嗟哉計大未易報 半世飄零爲腐儒

不隨馮異西登隴 不逐孔明南渡瀘

論詩說賦破屋下 却把短布抱妻孥

時時壯憤掩不得 拔劍斫地空長吁

何時乘風破巨浪 坐令四海如唐虞

君不見凌煙閣上圖形容 半是書生半武夫

<醉時歌>

평설 이 시의 형식은 절구나 율시 등 근체시에 비해 비교적 자유로운 형식의 고체시다. 시상의 전개 또한 자유롭게 이루어지고 있다.

≪청구풍아≫ 제2권의 주석에 의하면, 제1구는 ≪열자(列子)≫ 탕문편(湯問篇)에 전거를 두고 있다. 용백국(龍伯國)에 사는 거인이 한번 낚시에 자라 여섯 마리를 잡아 올렸다고 하였다.

제2구는 요(堯) 임금 때 명궁인 예(羿)의 전설과 관련이 있다. 어느 날 10개의 해가 동시에 떠올라 초목이 말라죽으므로 예에게 명하여 해를 쏘게 하였더니 9개의 해가 떨어지는데 모두 까마귀였다는 것이다.

제7구는 ≪삼국유사≫ 「가락국기」에 나오는 수로왕의 탄강 신화와 관련이 있다. 수로왕이 처음 태어날 때 붉은 빛 끈에 금빛 나는 상자가 매달려 하늘에서 땅으로 내려왔는데, 그 상자 속에 해처럼 둥근 알 여섯이 있었고, 그 가운데 한 알에서 수로왕이 탄생하였다는 것이다. 작자가 자신이 수로왕의 고귀한 혈통을 이어받았다고 내세운 대목이다.

제9구는 복희씨(伏羲氏)의 누이라는 여와씨(女媧氏)에 관한 이야기다. 여와씨는 제후들이 싸워 하늘을 받치고 있던 기둥이 무너지자 다섯 가지 빛깔의 돌을 갈아 무너진 곳을 보수하였다고 한다.

제10구는 한(漢)나라 때 서역으로 통하는 길을 뚫은 장건(張騫)의 일을 말한 것이다.

제13구는 후한(後漢)의 장수인 풍이(馮異)가 농서(隴西)지방의 외효(隗囂)를 친 사실을 말한 것이다.

제14구는 삼국시대 촉한(蜀漢)의 제갈량(諸葛亮)이 노수(瀘水)를 건너 남만(南蠻)을 정벌한 일을 가리킨다.

제21구의 능연각(凌煙閣)은 당태종이 공신 24명의 초상을 그려 걸어 둔 건물을 뜻한다.

≪보한집≫ 중권에서 최자는 우연히 김극기의 문집을 얻어 앞에 실려 있는 <궁사팔영(宮詞八詠)>을 읽어보고 하찮게 생각하다가 <취시가> 등의 장편시를 읽어보고서야 그 말뜻이 맑고 거리낌이 없음에 탄복하였다고 하였다.

서거정은 ≪동인시화≫ 상권에서 위의 시 제6구까지를 소개한 뒤, 말의 기세가 왕성하고 걸출하다고 평가하였다. 이어서 두보(杜甫)와 황정견(黃庭堅)의 시에 바탕을 두고 시의 뜻과 말을 만들어냈지만 다듬고 꾸민 흔적이 없으니 참으로 감쪽같은 도둑질이라고 하였다.

이 시는 ≪동문선≫ 제6권과 ≪청구풍아≫ 제2권에도 실려 있다.

늙은 어부

하늘이 아직도 늙은 어부에게 너그럽지 않아,
짐짓 강호로 보내는 바람에 순풍이 드물구나.
인간세상 험하다고 그대는 비웃지 말라.
그대도 오히려 급류 속에 있는 것을.

天翁尙不貰漁翁 故遣江湖少順風
人世險巇君莫笑 自家猶在急流中

<漁翁>

평설 이 시 제1구의 '천옹'은 천공(天公)이라고도 하는데, 하늘을 의인화하여 이르는 말이다.

≪보한집≫ 중권에서 최자는 위에 든 김극기의 시를 비롯하여 7편을 소개한 뒤, 이들은 말과 뜻이 맑고 친숙하여, 자못 ≪시경(詩經)≫의 국풍(國風)이나 ≪초사(楚辭)≫의 <이소(離騷)>와 같은 시풍을 띠고 있다고 하였다. 또한 그의 문집을 보면, 다른 산의 돌이 옥이 가득한 산에 굴러 들어와 사이사이에 끼어 있는 것과 같은 의심이 들게 하는데, 이는 문집을 엮을 때 서로 비슷한 것들끼리 모아놓지 않았기 때문이라고 하였다.

≪동인시화≫ 하권에서 서거정은 이 시를 송나라의 범중엄(范仲淹)의 시와 견주면서 말과 뜻이 심원하고, 마지막 구절은 더욱 절묘하여 범중엄도 말하지 않은 것을 말하였다고 칭찬하였다.

홍만종은 ≪소화시평≫ 상권에서 이 시를 예로 들어 반안법(反案法)이 쓰였다고 하였다. 반안법은 번안법(飜案法)이라고도 하는 것으로,

시어는 비슷한 것으로 사용하되 그 의미는 반대가 되도록 짓는 수법을 말한다. 일반적으로 시인들은 '한가로운 멋'을 나타내기 위해 '어부'를 읊는 경우가 많다. 그런데 <늙은 어부>에서는 '어부가 겪는 위험'에 대해 말하고 있으니 반안법이 쓰였다는 것이다.

이 시는 ≪동문선≫ 제19권에도 실려 있다.

샛벌에서 비를 만남

누런 티끌이 맑게 갠 하늘을 뒤덮기에
부채를 펼쳐들었는데, 하늬바람 불어와 나를 더럽혔어.
고맙게도 저녁 구름이 비를 만들어다가
도중에서 옷에 가득한 티끌을 말끔히 씻어 주더군.

黃塵漠漠漲晴旻 擧扇西風厭汚人
多謝晩雲能作雨 半途湔洗滿衣塵

<東郊値雨>

평설 제목의 '동교'는 동쪽 성문 밖에 있는 들판을 가리키는데, 여기서는 순 우리말인 '샛벌'로 번역하였다.

제2구는 중국 진(晉)나라 때 유량(庾亮)과 왕도(王導)의 고사를 끌어다 쓴 것이다. 이 두 사람은 서로 권세를 다투는 사이였는데, 특히 유량은 임금의 사위로 권세를 크게 휘두르고 있었다. 왕도가 야성(冶城)에 앉아 있을 때에 서풍이 몹시 불어 티끌을 날리니, 왕도는 부채를 들어 부치며 '유량의 티끌이 남을 더럽힌다'고 하였다는 것이다.

제4구의 '전세'는 물을 뿌려 씻어낸다는 뜻이며, 누명을 벗는다는 의미로도 쓰인다.

≪보한집≫ 중권에서 최자는 위에 든 김극기의 시를 비롯하여 7편을 소개한 뒤, 이들은 말과 뜻이 맑고 친숙하여, 자못 ≪시경≫의 국풍이나 ≪초사≫의 <이소>와 같은 시풍을 띠고 있다고 하였다. 또한 그의 문집을 보면, 다른 산의 돌이 옥이 가득한 산에 굴러 들

어와 사이사이에 끼어 있는 것과 같은 의심이 들게 하는데, 이는 문집을 엮을 때 서로 비슷한 것들끼리 모아놓지 않았기 때문이라고 하였다.

이 시는 ≪동문선≫ 제19권에도 실려 있다.

늦가을 달밤

해 떨어지자 세찬 바람이 나무 끝에서 일어나고,
희끗희끗 날리는 서리에 마른 잎 소리 버석버석.
창문 열고 맑은 달빛 맞아들일 것 없노라.
가을되니 파리한 이 내 몸은 찬 밤 기운이 두려워.

日落頑風起樹端 飛霜貿貿葉聲乾
開軒不用迎淸月 瘦骨秋來怯夜寒

<秋晚月夜>

평설 제2구의 무무(貿貿)는 '잘 알아볼 수 없게 어릿어릿한 모양'을 가리키는 말이다. 여기서는 서리를 형용한 것이므로 '희끗희끗'이라고 옮겼다.

제4구의 수골(瘦骨)은 '파리하게 마른 몸'을 뜻한다.

≪보한집≫ 중권에서 최자는 위에 든 김극기의 시를 비롯하여 7편을 소개한 뒤, 이들은 말과 뜻이 맑고 친숙하여, 자못 ≪시경≫의 국풍이나 ≪초사≫의 <이소>와 같은 시풍을 띠고 있다고 하였다. 또한 그의 문집을 보면, 다른 산의 돌이 옥이 가득한 산에 굴러 들어와 사이사이에 끼어 있는 것과 같은 의심이 들게 하는데, 이는 문집을 엮을 때 서로 비슷한 것들끼리 모아놓지 않았기 때문이라고 하였다.

이 시는 ≪동문선≫ 제19권에도 실려 있다.

흥해로 가는 길에

미행하는 길에 뽕 따는 아낙네들과 부딪치고,
뻐꾸기 날아와 나무를 맴돌며 울어댄다.
뻐꾸기사 농가의 바쁜 일을 알려줄 뿐인데,
어느 누가 그 소리를 관현악에 부쳐 내랴.

桑間婦女趁微行 撥穀飛來繞樹鳴
只爲田家趁事報 何人寫出管絃聲

<興海途上>

평설 이 시 제목의 '흥해'는 오늘날 경상북도 포항시 북구에 있는 고을이다.

제1구의 '상간(桑間)의 부녀'는 ≪시경≫ 용풍(鄘風)의 <상중(桑中)>시나 ≪예기(禮記)≫의 '상간'과 관련지어 보면 유녀(遊女)를 가리키는 것으로 볼 수 있으나, 이 시에서는 '뽕 따는 아낙네'로 풀이하여도 무리가 없을 듯하다.

제2구의 '발곡'은 뻐꾸기를 한자음을 빌려 적은 것으로, 포곡(布穀)·벌곡(伐谷)이라고도 적은 예가 있다.

≪보한집≫ 중권에서 최자는 위에 든 김극기의 시를 비롯하여 7편을 소개한 뒤, 이들은 말과 뜻이 맑고 친숙하여, 자못 ≪시경≫의 국풍이나 ≪초사≫의 <이소>와 같은 시풍을 띠고 있다고 하였다. 또한 그의 문집을 보면, 다른 산의 돌이 옥이 가득한 산에 굴러 들어와 사이사이에 끼어 있는 것과 같은 의심이 들게 하는데, 이는 문집을 엮을 때 서로 비슷한 것들끼리 모아놓지 않았기 때문이라

고 하였다.

이 시는 ≪동문선≫ 제19권에도 실려 있다.

겨울에 핀 오얏꽃

찬바람이 몰고 온 비가 마른 뿌리를 적시는데,
한 그루 미친 꽃이 홀로 봄을 펼치누나.
기이한 향기가 취굴주로부터 와서,
한나라 궁전의 이 부인을 다시 보는 게 아닌가.

淒風冷雨濕枯根 一樹狂花獨放春
無乃異香來聚窟 漢宮重見李夫人

<詠冬日李花>

평설 위의 시 제3구의 '취굴'은 신선이 산다는 십주(十洲) 가운데 하나인 취굴주를 뜻한다.

제4구에는 한무제(漢武帝)의 고사를 끌어왔다. 한무제가 사랑하던 이 부인을 잃은 뒤에 몹시 그리워하자 이소군(李少君)이 방술(方術)로 이 부인의 혼을 불러와서 잠시 보게 하였다고 한다. 때아니게 핀 오얏꽃을 이 부인의 혼령에 비겨 지은 시라고 하겠다.

≪지봉유설≫에서 이수광은 위의 시를 이인로의 <흰 작약>이라는 시와 함께 소개한 뒤 아름답다고 평하였다.

허균은 ≪성수시화≫에서 김극기의 시상이 매우 교묘하다고 하면서 이 시의 후반부를 들고, 이러한 표현은 앞의 사람들이 미처 말하지 못한 것이라고 칭찬하였다.

이 시는 ≪동문선≫ 제19권에도 실려 있는데, ≪동문선≫과 ≪지봉유설≫에는 '가을에 핀 오얏꽃'으로 되어 있고, 제3구 첫머리의 '무내(無乃)'가 '무내(無奈)'로 잘못 표기되어 있다.

농가의 봄

풀 덮인 늪에서는 물고기 헤엄치며 뛰어오르고,
버드나무 뚝 위로는 철새가 날아간다.
밭갈이하는 둔덕 아래로 창포 잎 우거지고,
점심 먹는 밭이랑엔 고사리 새순이 향기롭다.
비 부르는 비둘기는 처마 밑에 날아들고,
진흙 문 제비들은 대들보로 날아든다.
해 저문 뒤 초가집 방안에
허리 펴고 누우니 태곳적 사람인 듯.

草箔遊魚躍 楊堤候鳥翔 耕皐菖葉秀 饁畝蕨芽香
喚雨鳩飛屋 含泥燕入樑 晩來茅舍下 高臥等羲皇

<田家四時> 春詞

평설 작자의 <전가사시>라는 농촌시는 오언고시 형식으로 지은 것과 오언율시 형식으로 지은 것이 있는데, 위의 작품은 오언율시로 지은 것이다.

제1구의 '초박'은 초박(草薄)과 같은 뜻으로, 풀이 우거진 것을 말한다.

제4구의 '궐아'는 고사리의 새순을 뜻한다.

제8구의 '희황'은 중국의 전설적 제왕인 복희씨(伏羲氏)를 가리키는 것으로, 여기서는 아득한 옛날이라는 의미로 쓰인 것이다.

이 시는 홍만종이 ≪소화시평≫ 상권에서 고려 때의 아름다운 오언시로 꼽은 것 가운데 하나다.

이 시를 비롯하여 농가의 사계를 그린 시 네 편이 ≪동문선≫ 제9권에 모두 실려 있다.

파천현에서

말 가는 대로 가며 읊조리는 바다 북쪽 낭떠러지,
하늘이 절경을 구경하라고 수레 편에 부쳐주었다.
쓰르라미는 잎에 가린 채 홰나무 고을에서 울고,
귀제비는 가지에 의지해 버들 마을로 모여든다.
끊긴 노을 같은 꽃잎 다 날린 뒤에 열매가 맺히고,
일렁이는 물결 같은 보릿대 베고 남은 자리에 새싹이 돋는다.
고개 돌려 기러기 날아가는 곳 바라보니,
하늘에 맞닿은 풀빛이 길손의 넋을 괴롭힌다.

信馬行吟海北垠 天敎勝賞赴征軒
風蟬翳葉鳴槐縣 雨燕依枝集柳村
飄盡斷霞花結子 割殘驚浪麥生孫
回頭却望鴻飛處 草色連空惱客魂

<派川県偶書>

평설 제목의 '파천현'은 함경도 안변도호부(安邊都護府)에 있던 옛 고을이다.

제2구의 '정헌'은 나그네가 타고 가는 수레를 가리킨다.

제3구의 '풍선'은 쓰르라미를 말한다.

제4구의 '우연'은 제비의 한 종류인 귀제비다.

제6구에서는 베고 난 보리 포기에서 새싹이 돋아난 것을 '손자가 태어났다[生孫]'고 재미있게 표현하였다.

마지막 구에서 '길손의 넋을 괴롭힌다'고 한 것은 하늘과 맞닿은 것처럼 끝없이 펼쳐진 벌판, 즉 갈 길이 아직도 아득하기 때문이다.

이 시는 홍만종이 ≪소화시평≫ 상권에서 역대의 칠언율시 가운데 섬세하고 교묘한 것으로 꼽은 시 가운데 하나다.

이 시는 ≪동문선≫ 제13권에도 실려 있다.

3. 김신윤(金莘尹)

작자 김신윤(金莘尹)은 고려 명종 때의 문신으로, 의종 때 의주 등 동서양계(東西兩界)의 지방관을 역임하였고, 명종 때 우간의대부·동지공거·좌간의대부 등을 역임하였다. 좌간의대부로 있을 때 문극겸 등의 중서문하성 겸직을 반대하다가 판대부사로 좌천되었다. ≪신증동국여지승람≫ 제11권 적성현(積城縣) 불우조 감악사(紺岳寺) 항목에 과거 공부하러 와 있던 황빈연(黃彬然)과의 일화가 전한다.

의주에 출진하여

백성들 긁어먹고 윗사람에게 아첨하는 풍속이 오래되어,
온 나라 사람들이 모두들 그릇된 풍조를 따르누나.
봉급이 후한 높은 벼슬자리가 욕심도 난다마는,
청천백일 아래 속이기는 참으로 어려운 일.
제왕의 질병을 낫게 할 수 있다면,
붙잡혀 비참하게 죽은들 어찌 감히 사양하랴.
벗들이여, 이 말 듣고 웃지 말게나.
정직해서 모자란 듯한 것이 바로 사내라네.

割民媚上成風久 擧國滔滔盡詭隨
厚祿高官雖可戀 靑天白日固難欺
齊王疾病如能瘳 □摯烹醢豈敢辭

寄語友朋莫相笑 正而不足是男兒

<出鎮竜湾幕*>

평설 제목의 '용만(龍灣)'은 평안도 의주(義州)에 있던 고을이다.

제2구의 '도도(滔滔)'는 큰물이 흘러가는 모양 또는 시대의 조류를 따라가는 것을 이른다.

제4구의 '청천백일(靑天白日)'은 맑게 갠 푸른 하늘과 밝게 빛나는 해처럼 모든 것이 명백하고 깨끗한 것을 나타내는 말이다.

제6구의 첫 글자는 ≪파한집≫에도 빠져 있다.

≪파한집≫ 하권에 의하면, 의종은 전국에 조서를 내려서 역원(驛院)에 써 붙인 시를 모두 수집하여 올리라고 하였다. 민심의 동향을 살펴보는 한편, 좋은 작품을 뽑아 시집을 만들려는 것이었다. 그 가운데 한 편이 위의 시다. 의종이 올려온 시를 읽어 내려가다가 이 시에 이르러 한동안 말이 없자, 주변의 신하들이 모두 두려워 어쩔 줄을 몰랐다고 한다. 그 해 가을에 의종은 작자를 동번(東藩)으로 진을 옮기게 하였다가 그 이듬해에는 의주에 다시 부임하게 하였고, 세 차례나 변방을 다스리도록 하였다는 것이다. 이인로는 이러한 일이 벼슬아치로서는 드문 일이라고 하였다.

경인년 중양절

상감의 수레 앞에서 난리가 일어나,
사람 죽이기를 삼 베듯 하였구나.
그래도 중양절 좋은 날을 그냥 보낼 순 없어,
맑은 술에 국화를 띄워 마시노라.

輦下風塵起 殺人如亂麻 良辰不可負 白酒泛黃花

<庚寅重九>

평설 제목의 '경인'년은 무신란이 일어났던 1170년(의종24)을 가리킨다. 또한 '중구'는 음력 9월 9일을 말하는 것으로, 중양절(重陽節)이라고 부르기도 한다.

제2구의 '난마'는 쾌도난마(快刀亂麻)를 줄여서 쓴 말로, 잘 드는 칼로 어지럽게 뒤얽혀 있는 삼 가닥을 베듯 쉽게 베었다는 뜻이다.

제3구의 '양신'은 좋은 날이라는 뜻이나, 여기서는 중양절을 말하는 것이다.

제4구의 '백주'는 소주·배갈이나 막걸리처럼 빛이 맑거나 흰 술을 말한다. '황화'는 국화꽃이다.

이제현은 ≪역옹패설≫ 후집에서 이 시를 통해 무신란 당시의 사정이 어쩔 수 없었음과 작자가 뜻이 크고 마음이 활달하여 작은 일에 구애되지 않았음을 알 수 있다고 하였다.

서거정은 ≪동인시화≫ 하권에 송나라 문천상(文天祥, 1236~1282)의 <중양절> 시와 함께 이 시를 소개하였다.

4. 김인경(金仁鏡)

작자 김인경(?~1235)은 고려 고종 때의 문신으로, 처음 이름은 양경(良鏡), 본관은 경주이며, 양신공(良愼公) 의진(義珍)의 4대손이며, 아버지는 합문지후를 지낸 영고(永固)다. 직사관・기거사인・예부낭중・추밀원 우승선・지중군병마사・상주목사・형부상서・한림학사・지공거・지추밀원사 상서좌복야・왕경유수병마사・정당문학 이부상서 감수국사・중서시랑평장사 등을 역임하였다. 시사(詩詞)가 청신하고 당대에 유행하는 시부를 잘하여 세상에서 '양경시부(良鏡詩賦)'라고 칭송하였고, 서체는 예서에 뛰어났다. 시호는 정숙(貞肅)이다.

새벽에 일어나

옥장에 등불은 가물거리는데 스르르 잠이 들었네.
강안전에서 손수 광채 나는 곤룡포를 받들어 올리고 있었네.
그때 문 앞에서 새벽을 알리는 고동소리 참으로 밉살스럽구나.
하늘 저 편 구름 속까지 울어 제쳐 한바탕 꿈을 깨워 놓았네.

玉帳燈殘入睡鄕 康安親捧赭袍光
門前曉角渾無賴 咽破雲霄夢一場

<曉起>

평설 ≪청구풍아≫의 주에 따르면, 이 시는 작자가 1227년(고종14) 지중군병마사(知中軍兵馬事)로 북계(北界)에서 동진(東眞)의 군사를 막을 때 지

은 것이다.

제1구의 옥장(玉帳)은 장군이 거처하는 군막을 뜻한다.

제2구의 강안(康安)은 고려 당시 개경에 있던 중광전(重光殿)을 고친 이름이다.

이 시는 ≪동문선≫ 제20권과 ≪청구풍아≫ 제6권에도 실려 있는데, 제4구의 열파(咽破)가 ≪동문선≫에는 열파(咽罷)로, ≪청구풍아≫에는 경파(驚破)로 각기 다르게 표기되어 있다.

대관전 병풍 그림 위에

수레가 무거우니 둔한 말의 걸음이 더디고,
하늘이 드높아서 학의 그리움은 길기도 하네.
예전에 입던 옷을 몇 번이나 빨았건만,
아직도 어로의 향기가 스며 있구나.

輅重駑馳短 天高鶴戀長 舊衣幾經濯 猶帶御爐香

동산의 꽃들은 비단인 양 붉게 피었고,
궁전의 버들은 실처럼 푸르게 드리워졌네.
목청이며 혀 놀리는 천 가지 교묘한 재주는,
봄 꾀꼬리가 도리어 사람보다 낫구나.

園花紅錦綉 宮柳碧絲綸 喉舌千般巧 春鶯卻勝人

<書大観殿黼座後障無逸図上>

평설 제목의 대관전(大觀殿)은 고려 당시 개경에 있던 건덕전(乾德殿)을 고친 이름이다. 보좌(黼座)는 '임금이 앉는 자리'를 말한다. 장(障)은 병풍(屛風)이다. 무일도(無逸圖)는 주나라 주공(周公)이 성왕(成王)에게 '임금은 안일하지 않아야 한다고 경계한 ≪서경(書經)≫ 무일편의 내용을 송나라 인종 때 학사 손석(孫奭)이 그림으로 그려서 바친 것'이다.

앞의 시 제1구의 노(駑)는 둔마(鈍馬), 곧 '둔재(鈍才)'를 비유적으로 나타낸 말이다.

뒤의 시 제3구의 후설(喉舌)은 꾀꼬리의 교묘한 울음소리를 뜻하기도 하지만, 김인경이 외직으로 나가기 전에 하였던 '승선(承宣)의 직임'을 나타내기도 한다.

최자는 ≪보한집≫ 중권에서 먼저 든 <새벽에 일어나>와 위의 시 두 편을 소개한 뒤, 어떤 이는 "공이 아직도 권세 있는 요직을 잊지 못하는 뜻이 있다."라고 하지만, 그런 것이 아니라고 변호하였다. 최자는 '김인경의 타고난 자질이 맑고 고우며, 그의 시어도 그와 같다.'라고 하면서, '겉과 속이 물처럼 맑아서 한 점의 티끌도 더럽힐 수 없는 사람'이라고 강조하였다.

또한 '옛사람이 석 달 동안 섬기는 임금이 없으면 마음이 몹시 조급해져 어찌할 바를 몰랐다'라고 한 ≪맹자≫ 등문공(滕文公) 장구를 인용하고, 두보는 한미하고 군색한 가운데서도 글귀마다 군신간의 대절(大節)을 잊지 않았던 사례를 들어, '김인경과 같이 이름난 벼슬자리에 있는 사람이 비록 외직에 나가 있다고 하더라도 임금을 잊지 못하는 마음이 있는 것은 지극히 마땅하다'라고 하였다.

이 시는 ≪동문선≫ 제19권에도 실려 있다.

상주목사로 좌천되어

어찌 푸른 하늘을 향해 원망하는 마음을 품겠는가,
귀양은 왔어도 오히려 한 고을을 오롯이 맡기신 것을.
어느 때나 영각이 바로 황각이 되고,
태수의 행차가 재상의 행차로 되려나.

豈向蒼蒼有怨情 謫來猶得任專城
何時鈴閣卽黃閣 太守行爲宰相行

<遷尚州牧使*>

평설 이 시는 작자가 상주목사로 좌천되어 부임하는 길에 경상북도 상주시의 함창(咸昌)에 있던 덕통역(德通驛)에 이르러 그 벽에 써놓았다고 하는데, 정확한 제목은 미상이다.

제1구의 창창(蒼蒼)은 '푸르디푸른 하늘'이라는 뜻으로, '임금을 가리키는 말'이기도 하다.

제3구의 영각(鈴閣)은 지방관의 관아나 장수가 거처하는 진영을 뜻한다. 황각(黃閣)은 도당(都堂), 혹은 의정부(議政府)를 이르는 말이다.

≪보한집≫ 중권에서 최자는 이 시와 함께 다음과 같은 이야기를 소개하였다. 어떤 진사 두 사람이 덕통역을 지나다가 이 시를 보고 한동안 음미하고 나서, 그 중 한 사람이 "이 시의 제3구는 말을 만든 것이 공교롭지 못하고, 또한 지방 수령에서 재상에 오른다고 하였으니 그 사이가 너무 넓다."라고 평하였다. 그러자 다른 한 사람이 말하기를, "이건 김 공의 앞날을 예언한 시므로 자네가 알 바가 아니라네."라고 하였다는 것이다. 그런데 그 뒤에 김인경은 과

연 재상이 되었다고 하였다.

서거정은 ≪동인시화≫ 하권에서 시가 앞으로 벌어질 어떤 조짐을 보여주는 경우가 있으나, 시를 지을 때 앞서 의도적으로 조짐을 보여주려고 해서는 안 된다고 하면서 최탁(崔倬)·이공수(李公遂)의 시와 함께 이 시의 후반부를 소개하였다. 그리고 이 시에 나타난 조짐은 비록 그대로 실현되었으나 그것은 '우연'일 뿐이라고 하였다.

≪고려사≫ 제102권 김인경 열전에도 이 시가 인용되어 있으나 ≪보한집≫과 약간 다르다. 제1구의 기향창창(豈向蒼蒼)이 '감히 푸른 하늘을 향하여' [감향창천(敢向蒼天)] 로, 제2구의 득임전성(得任專城)이 '절로 성을 오롯이 얻어 [자득전성(自得專城)] '로 달리 표기되어 있다.

용두회에 부쳐

듣자니 자네 집에 귀한 손님들 있어,
모두들 계수나무 숲에서 봄 한 가지씩 꺾은 이라고.
지금 나는 그 높은 모임에 참석할 수 없으니,
문득 그 당시 둘째로 급제한 것이 한스럽구나.

聞道君家有貴賓 桂林渾是一枝春
如今未得參高會 卻恨當年第二人

<寄竜頭会*>

평설 이 시는 작자가 용두회(龍頭會)에 부친 시이나 정확한 제목은 미상이다. '용두회'는 과거에서 장원으로 급제한 사람들끼리 모이는 모임으로, 자격이 없는 사람은 참석할 수 없었다고 한다. 작자의 조카가 장원으로 급제한 황보관(皇甫瓘)의 집에서 용두회를 열었는데, 작자는 과거에서 아원(亞元), 즉 제2등으로 급제하였으므로 그 모임에 참석할 자격이 없었다. 이에 이 시를 지어 보냈던 것이다.

≪보한집≫ 중권에는 별다른 평가 없이 이러한 사연을 소개하였고, ≪동인시화≫ 하권에서는 서거정 자신이 과거에 급제하던 때의 이야기로부터 김인경의 이야기로 거슬러 올라갔다. 또한 서거정은 과거의 갑과(甲科)에서 일등으로 뽑힌 것을 장원(壯元), 2등으로 뽑힌 것을 아원(亞元) 또는 방안(榜眼), 3등으로 뽑힌 것을 탐화(探花)라고 한다는 것을 소개하였다.

선경전 도량 음찬시

옛날 옛적 부처의 일은 멀고 아득한데,
우리나라엔 오늘 다시 성대하게 펼쳐졌네.
푸르디푸른 부소산은 참으로 영취산 같고,
장엄한 선경전은 바로 보광전이로다.

千古金仙事杳茫 海東今日更張皇
扶蘇蒼翠眞靈鷲 宣慶莊嚴是普光

<宣慶殿道場音讚詩応製>

평설 제목의 선경전(宣慶殿)은 고려 당시 개경에 있던 회경전(會慶殿)을 고친 이름이다. 도량(道場)은 소재도량(消災道場)으로, 재앙을 예방하는 법회를 말한다. 음찬시(音讚詩)는 '부처의 공덕을 찬미하는 시'를 뜻한다.

제1구의 금선(金仙)은 '부처'를 가리킨다.

제3구의 부소(扶蘇)는 개경에 있는 송악산(松嶽山)의 옛 이름이다. 영취(靈鷲)는 석가모니가 법화경을 설법한 산으로, 고대 인도의 마가다국의 수도 라자그리하 [왕사성(王舍城)] 주위에 있다.

제4구의 보광(普光)은 사찰의 전각인 보광전을 가리킨다.

최자는 ≪보한집≫ 중권에서 이 시를 소개한 뒤, 이 작품은 석가모니 당시의 고사를 인용하여 작자 당대의 일을 말하고 있다고 하면서 경구(警句)가 될 만하다고 하였다.

5. 김지대(金之岱)

작자 김지대(1190~1266)는 고려 고종 때의 문신으로, 청도김씨(淸道金氏)의 시조이며, 처음 이름은 중룡(仲龍)이다. 전주사록·보문각교감·전라도안찰사·판사재사·첨서추밀원사·정당문학 이부상서·지추밀원사·수태부 중서시랑평장사 등을 역임하고, 오산군(鰲山君)에 봉해졌다. 시호는 영헌(英憲)이다.

유가사

절은 안개와 노을이 고요한 가운데 자리잡고,
높고 낮은 산엔 푸른빛이 방울져 가을이 짙었네.
구름 사이로 가파른 돌길은 6, 7리나 뻗어 있고,
하늘 끝의 먼 봉우리는 천 겹, 만 겹일세.
차 마시고 나니 소나무 처마에는 희미한 달이 걸려 있고,
설법 끝나자 바람 부는 강단에 스러지는 종소리가 울려오네.
시냇물은 아마도 옥대 띤 나그네를 비웃으리라,
씻으려 해도 씻지 못하는 세속의 자취인 것을.

寺在煙霞無事中 亂山滴翠秋光濃
雲間絶磴六七里 天末遙岑千萬重
茶罷松簷掛微月 講闌風榻搖殘鍾
溪流應笑玉腰客 欲洗未洗紅塵蹤

<瑜伽寺>

평설 제목의 유가사(瑜伽寺)는 대구광역시 달성군(達城郡) 현풍면(玄風面)의 포산(苞山)에 있던 절이다.

제2구의 난산(亂山)은 '들쭉날쭉 높낮이가 다르게 우뚝 솟은 산'을 가리키는 말이다.

제3구의 절등(絶磴)은 '절벽처럼 가파른 돌길', 또는 '끊어진 돌다리'를 뜻한다.

제7구의 옥요객(玉腰客)은 '허리에 옥대를 두른 나그네', 곧 '유람 온 벼슬아치'를 말한다.

서거정은 ≪동인시화≫ 상권에서 요체(拗體)를 설명하고, 정지상과 김지대만이 이 방법을 체득하였다고 하면서 이 시의 함련과 경련을 들었다. 그곳에 이 방법이 적용되었다는 것이다. '요체'라는 것은 율시(律詩)에서 가락이 변하는 곳에서 의당 평성(平聲)의 글자를 써야 하는데 측성(仄聲)의 글자로 바꾸어 써서 말과 기상을 기이하고 굳건하게 하는 시삭법을 말한다.

김종직은 ≪청구풍아≫ 제4권에 이 시를 소개하고, 끝에 "이 시는 정지상의 <소래사> 시와 같은 구율(句律)이다."라는 주를 붙여 놓았다. '같은 구율'은 바로 '요체'를 지적한 말이다.

홍만종은 ≪소화시평≫ 상권에서 김종직의 견해를 그대로 받아들이고 정지상의 <소래사> 시를 함께 소개하였다.

이 시는 ≪동문선≫ 제14권에도 실려 있다.

의성 객관에서

의성의 공관에는 뒤뜰이 깊숙하고,
그 가운데 높은 다락은 백여 자나 되네.
향기로운 바람 십리에 불어 주렴을 걷고,
밝은 달 아래 한 가락 옥 피리 소리 날리네.
엷은 안개 낀 버들 그림자는 가늘게 이어져 있고,
비 갠 뒤의 산 빛은 무르녹아 뚝뚝 듣는 듯하네.
오랑캐 맞아 팔 꺾인 갑지랑이여,
난간에 기대 생각하니 더욱 애닯구려.

聞韶公館後園深 中有危樓百餘尺
香風十里捲珠簾 明月一聲飛玉笛
烟輕柳影細相連 雨霽山光濃欲滴
龍荒折臂甲枝郎 仍按凭欄尤可惜

<義城北楼客舍>

평설 제목의 의성(義城)은 경상북도에 있는 고을이다.

제1구의 문소(聞韶)는 의성의 옛 이름이다.

제7구의 용황(龍荒)은 흉노(匈奴)를 가리키는 말로, '오랑캐'라는 뜻이다. 작자는 1217년(고종4) 거란병이 침입하였을 때 아버지를 대신하여 출전한 일이 있었고, 1258년 몽고병이 북방을 침략해 왔을 때에도 출전한 일이 있었다. 이것으로 미루어 갑지랑(甲枝郎)은 오랑캐와

맞선 작자 자신을 가리키는 것으로 짐작되나 자세한 것은 미상이다. 제8구의 끝 글자는 ≪동인시화≫와 ≪동문선≫ 등에 모두 파(怕)로 되어 있으나, 압운되는 자리인 것으로 보나 의미상으로 보나 석(惜)자를 잘못 기록한 것으로 짐작된다.

서거정은 ≪동인시화≫ 하권에서 이 시가 전해진 사연에 대해 처음에는 의심을 품었었는데, 시가 귀신을 감동시킨 몇몇 사례를 본 뒤로는 의심을 풀었다고 하였다. 그 사연은 다음과 같다.

> 김지대가 <의성북루객사>시를 지은 뒤 10년만에 다락에 화재가 나서 다락과 함께 그 시의 현판도 불타 없어졌다.
>
> 다시 10년이 지난 뒤에 의성에 내려온 안찰사가 그 시를 급하게 찾았으나 찾을 도리가 없었다.
>
> 당시 현령으로 있던 오적장에게 딸이 하나 있었는데, 일찍이 재상 장일의 아들인 장정하와 혼약을 맺은 사이였다. 그러나 오적장이 딸을 데리고 임지로 가는 바람에 장정하는 다른 배필을 맞이하고 말았다. 그러자 정신이 이상해진 오적장의 딸은 종잡을 수 없는 말을 마구 해대곤 하였다.
>
> 그러던 중 그녀가 김지대의 시를 읊조리는 것이었다. 고을 사람들이 그것을 받아 적어 안찰사에게 바치니, 안찰사도 기이하게 여겼다는 것이다.
>
> 이에 세상 사람들은 '귀신도 시를 사랑하고 아껴서 보존하고자 다시 세상에 전하게 한 것'이라고들 하였다.

이 시는 ≪동문선≫ 제6권에도 실려 있다.

6. 노영수(盧永綏)

작자 노영수는 행적이 자세하지 않으나, ≪파한집≫ 하권에 선비로 소개된 것으로 보아 무인정권 시대의 인물로 짐작된다.

어느 관리에게

벼슬길에 풍파가 사나워서,
궁한 물고기는 갈 길을 멈추었네.
늙은 아내의 표정은 적막하고,
어린것들은 눈물만 뚝뚝 흘리네.
하얗게 센 귀밑머리는 천년 학의 모습이요,
얼마 남지 않은 목숨은 초겨울 반딧불 신세라네.
고마운 그대의 은혜가 엷지 않았으나,
완적의 눈을 한번 푸르게 떠보시게.

宦海風波惡 窮鱗去路停 老妻容寂寞 稚子淚飄零
衰鬢千年鶴 殘生十月螢 辱知恩不薄 阮眼一回青

<投某官>

평설 제목으로 보아, 작자가 어느 관리에게 보내는 편지 형식의 시다.

제1구의 환해(宦海)는 '벼슬아치들의 사회' 또는 '벼슬길'을 뜻하는 말로 관해(官海)라고도 한다.

제2구의 궁린(窮鱗)은 '환해'와 호응이 되도록 붙인 말로, '환해의 곤궁한 물고기' 곧 '가난한 벼슬아치'를 빗대어 나타낸 것이다.

제4구의 표령(飄零)은 '나뭇잎 따위가 바람에 나부끼어 흩날리는 것'을 뜻하는데, 여기서는 '눈물이 뚝뚝 떨어지는 것'을 뜻한다.

제6구의 시월(十月)은 음력으로 겨울이 시작되는 달, 곧 '초겨울'을 말한다.

제7구의 욕지(辱知)는 '자신과 알게 된 것이 상대방에게 욕이 된다'는 뜻으로, '고마워하다'의 의미로 쓰는 말이다.

제8구의 완안(阮眼)은 '완적(阮籍, 210~263)의 눈'을 가리킨다. 완적은 중국 위(魏)나라의 문인으로, 혜강(嵇康)과 함께 죽림칠현(竹林七賢)의 중심인물이었는데, 백안(白眼)·청안(靑眼)의 고사로 유명하다. 완적은 겉치레만 하는 속인(俗人)을 만나면 백안으로 그 사람을 흘겨보았고, 마음에 드는 상대를 만나면 청안으로 맞이하였다고 한다. 따라서 '푸르게 떠 보리'는 말은 '자자 자신을 흘겨보지 말아 달라'는 뜻으로 풀이할 수 있다.

≪동인시화≫ 하권에서 서거정은 '예로부터 곤궁한 사람의 시어는 메마르고 궁색하며 파리하고 싱겁다.'라고 한 뒤 이 시의 함련과 경련을 들었다.

이 시는 ≪동문선≫ 제9권에도 실려 있다.

7. 동인홍(動人紅)

작자 동인홍이 어느 때의 기녀인지는 분명하지 않으나 ≪보한집≫의 기록으로 보아 대략 무인정권 시대 팽원(彭原:평안남도 안주)의 기생이었던 것으로 짐작된다.

내 마음

창녀와 양갓집 여자는,
그 마음이 얼마나 다를까.
가련하구나 백주의 절개는,
죽어도 다른 데는 안 간다고 스스로 맹세했다네.

倡女與良家 其心間幾何 可憐柏舟節 自誓死靡他

<自敍>

평설 제목의 자서(自敍)는 '자기의 일을 자신이 서술하는 것'을 말한다. 여기서는 작자가 자신의 속마음을 서술한 것이므로 '내 마음'이라고 붙여보았다.

제3구의 백주(柏舟)는 ≪시경≫ 용풍(鄘風)에 있는 시 제목으로, '잣나무로 만든 배'라는 뜻이다. 위(衛)나라 세자인 공백(共伯)이 일찍 죽자, 그 아내인 공강(共姜)의 부모는 딸을 윽박지르며 재가하라고 강권하였다. 이때, 공강이 수절할 것을 맹세하며 부른 것이 <백주>라는 노래다.

제4구의 미(靡)는 미(未)와 같은 뜻으로, 부정하는 말이다. 타(他)는 타적(他適)을 줄인 말로, '다른 사람에게 시집가다'라는 뜻이다.

최자는 ≪보한집≫ 하권에서 동인홍이 기생이면서도 제법 글귀를 알았다고 하면서, 그녀가 지은 두어 구절의 시와 일화를 든 뒤 이 시를 소개하고, '스스로 서술한 뜻으로 보아 동인홍은 절개가 굳었던 듯하다'라고 평하였다.

8. 명종(明宗)

작자 명종(1131~1202)은 고려의 제19대왕으로, 재위는 1170~1197. 처음 이름은 흔(昕), 이름은 호(晧), 자는 지단(之旦)이고, 인종의 셋째아들이며 의종의 친동생이다. 어머니는 공예태후 임씨(恭睿太后任氏), 비(妃)는 강릉공(江陵公) 김온(金溫)의 딸인 의정왕후(義靜王后)다. 1170년에 반란을 일으킨 정중부(鄭仲夫) 등에 의하여 추대되었다. 그러나 1197년에 최충헌 형제에게 폐위를 당하고 아우인 평량공(平涼公) 민(旼)이 대신 왕위에 올랐다. 시호는 광효(光孝)이며, 능은 지릉(知陵)이다.

요일 승통에게

조사의 마음으로 전하는 불법이 기심을 지어,
문득 진리를 깨닫는 것은 한 순간이로다.
좌선을 할 때는 화로에 침향 조각을 더 넣고,
손님을 맞을 때는 지팡이로 붉은 이끼를 깨뜨리네.
경론을 가지고 승려들에게 잘 전하고,
행장 때문에 옛 산을 생각하지는 말지어다.
저녁에 경쇠 칠 때와 새벽에 향 피울 적에 염불을 부지런히 하여,
바라건대, 어리석은 중생들로 하여금 편안토록 할지어다.

祖師心印製機關 卽悟眞空一瞬間
宴坐爐添沈木瓣 迎賓筇破紫苔斑

好將經論傳緇侶 莫以行藏憶舊山

夕磬晨香勤禮念 願令愚俗得安閑

<和乞退韻*>

평설 이 시는 고려 명종의 숙부인 요일(寥一) 승통(僧統)이 승직에서 물러갈 것을 비는 시를 지어 올리자, 명종이 그에 화답하여 지은 것이다.

제1구의 조사(祖師)는 선종(禪宗)의 교조(敎祖)인 달마(達摩)를 가리킨다. 심인(心印)은 심심상인(心心相印), 곧 '마음과 마음으로 서로 뜻이 통한다'는 의미로, 이심전심(以心傳心)과 같은 말이다. 기관(機關)은 기심(機心)과 같은 뜻으로, '기회를 보고 움직이는 마음'이라는 의미다.

제2구의 진공(眞空)은 불교의 용어로, '우주의 만물은 실체가 없다는 것을 깨닫고, 그 무엇에도 집착하지 않는 것'을 이른다.

제3구의 연좌(宴坐)는 '좌선(坐禪)'을 뜻한다.

제4구의 자태반(紫苔斑)은 '붉게 얼룩진 이끼'라는 뜻으로, '세속에서 묻은 때' 혹은 '업보(業報)'를 비유적으로 나타낸 말이다.

제5구의 경론(經論)에서 '경'은 불경을, '론'은 불경에 대해 풀이한 책을 말한다. 치려(緇侶)는 '승려(僧侶)'와 같은 말이다.

제6구의 행장(行藏)은 '세상에 나아가는 것과 물러가서 숨는 것'을 뜻한다. 구산(舊山)은 '조상의 무덤이 있는 곳'을 이르는 말인데, 여기서는 '속세의 혈연(血緣)'을 가리킨다.

≪파한집≫ 중권 마지막 대목에서 이인로는 '고금을 살펴볼 때 이름난 승려들이 임금의 총애를 받아 시문을 하사 받았던 일이 많았으나, 요일의 경우처럼 임금이 승려의 시에 차운한 예는 각별하다'라고 한 뒤, 명종이 지은 차운시 또한 '서술이 간곡하고 향기가 풍기는 듯하여 숙연히 꿇어앉아 읽으면 구름 밖에서 하늘의 해를 보는 것 같아서 상서롭고 찬란한 광채를 우러러 볼 만하다'라고 극찬하였다.

9. 무기(無己)

작자 무기는 고려 중기의 승려로, 호는 대혼자(大昏子)다. 지리산에 숨어 살면서 수도에 전념하였으며, 장삼 한 벌을 평생토록 입고 살았다. 매년 겨울과 여름에는 산에 들어가서 나오지 않았고 배에다 띠를 감고 살았으며, 봄과 가을에는 배를 두드리며 산을 유람하였는데 하루에 서너 말의 밥을 먹었다. 한번 앉아 입정(入定)하면 반드시 열흘 이상을 선정(禪定)에 들었고, 일어나서 갈 때는 언제나 게송(偈頌)을 소리 높여 읊조렸다. 지리산에는 당시에 70여 개의 암자가 있었는데 한 암자에 머무를 때마다 한 편의 게송을 지었다. 특이한 행적 때문에 기승(奇僧)으로 평가받았다.

무주암

이 지경에 본디 사람이 살 데가 없었는데,
어떤 이가 이 집을 지었나.
오직 무기라는 자가 남아서,
가는 것도 머무는 것도 거리낌이 없도다.

此境本無住 何人起此堂 唯餘無己者 去住兩無妨

<無住菴>

평설 제목의 '무주암'은 경상남도 함양군의 지리산 자락에 있던 암자다.

최자는 ≪보한집≫ 하권에 이 시를 소개하고, '말이 소략하고 평이한 것 같으나 뜻을 부친 것이 높고 깊다'라고 하면서 당나라 때의 시승(詩僧)이자 기행(奇行)을 일삼던 '한산(寒山)과 습득(拾得)과 같은 부류'라고 평하였다.

10. 박춘령(朴春齡)

작자 ≪보한집≫의 기록으로 보아 무인정권 시대의 인물로 대제(待制) 벼슬을 하였으며, ≪신증동국여지승람≫에는 완산(完山)의 수령을 지낸 것으로 되어 있다.

태수 김유를 생각하며

유하혜는 낮은 벼슬도 오히려 사양하지 않았다지만,
소 잡는 칼을 어찌 닭 잡는 데 쓰리오.
감당은 바로 사람을 그리워하는 나무요,
현산 마루엔 의연히 눈물 흘리게 하는 비석이 서 있다네.
노인들은 잘도 끼친 사랑과 교화를 이야기하고,
아이들은 다투어 옛날 남긴 시를 칭송하네.
일찍이 들으니 도척은 오래 살고 안회는 요절했다고,
하늘의 이치가 아득하여 알 수가 없었네.

下惠官卑尙不辭 牛刀焉用割鷄爲
甘棠正是思人樹 峴岫依然墮淚碑
父老能談遺愛化 兒童爭頌舊留詩
嘗聞跖壽顔回夭 天理茫茫不可知

<宝城公館思金太守儒>

평설 제목의 보성(寶城)은 전라남도에 있는 고을이다. ≪동문선≫과 ≪신증동국여지승람≫에는 영광군(靈光郡)으로 되어 있는데, 영광 또한 전라남도에 있다. 김유(金儒)는 ≪신증동국여지승람≫ 강진현(康津縣) 명환(名宦)조에 이름이 소개되어 있을 뿐 자세한 행적은 미상이다.

제1구의 유하혜(柳下惠)는 춘추시대 노(魯)나라 사람으로, 무성(武城)이라는 작은 고을의 수령으로 있었다. ≪논어≫ 양화(陽貨)편에 보면, 공자가 무성을 지나가다가 거문고를 연주하며 노래하는 소리를 듣고, 그 고을이 예악(禮樂)으로 다스려짐을 알게 되었다. 공자는 빙긋이 웃으며, "닭을 잡는 데 어찌 소 잡는 칼을 썼을까?"라고 하였다는 이야기가 있다.

제2구는 바로 우도할계(牛刀割鷄)의 고사를 나타낸 것으로, 여기서는 '김유가 작은 고을의 태수를 하기에는 그릇이 크다'는 의미로 풀이할 수 있다.

제3구의 감당(甘棠)은 산에 자생하는 배의 일종인 '팥배나무'를 말하는데, ≪시경≫ 소남(召南)의 노래 제목이기도 하다. 주(周)나라의 소공(召公)이 남쪽을 순행하다가 감당 아래서 쉬며 백성들을 돌보았으므로, 백성들이 그의 덕에 감복하여 그 나무까지도 소중하게 사랑하였다는 내용의 노래다. 그 뒤로 어진 지방 수령을 예찬하는 시로 많이 쓰였다.

제4구의 현수(峴岫)는 '현산의 봉우리'라는 뜻이다. '현산'은 중국 호북성(湖北省) 양양현(襄陽縣) 남쪽에 있는 산으로, 이곳에 이른바 타루비(墮淚碑)가 세워져 있다고 한다. 진(晉)나라의 양호(羊祜)가 양양 태수로 있을 때 현산에 올라 놀기를 좋아하였다. 그 뒤 양호를 사모하여 백성들이 현산 봉우리에 비석을 세우고 해마다 제사를 지냈는데, 이 비석을 보는 사람들은 모두 눈물을 흘렸으므로, 두예(杜預, 222~284)가 '타루비'라고 이름을 붙였다고 한다.

제7구의 척(跖)은 춘추시대 노나라의 포악한 인물이었던 도척(盜跖)을 말한다. 안회(顔回)는 춘추시대 노나라 사람으로, 공자가 가장 어질다고 한 제자였으나 요절하고 말았다.

≪보한집≫ 중권에서 최자는 김인경의 말을 들어 이 시의 작자를 소개하였다. 김인경은 "전에 대제로 있던 박춘령은 남이 지은 좋은 글을 보면 바로 감동하여 울었는데, 나도 그렇다."라고 하였다는 것이다. 최자는 그 말을 듣고 박춘령의 작품을 보고싶어 하였는데, 이 시를 얻어 보고 작자의 시에 대한 안목이 깊은 것을 확인하였다고 한다.

이 시는 ≪동문선≫ 제12권에도 실려 있는데, 상당 부분이 달리 표기되어 있다. 제1구의 상(尙)이 자(自)로, 제2구의 언용(焉用)이 수사(誰使)로, 제4구의 수(岫)가 수(首)로, 제5구의 능담(能談)이 공언(空言)으로, 제6구의 쟁송(爭頌)이 만송(謾誦)으로, 류(留)가 제(題)로, 제7구의 상(嘗)이 증(曾)으로, 제8구의 불(不)이 미(未)로 각각 달리 표기되어 있으나 의미상의 큰 차이는 없다.

11. 신준(神駿)

작자 ≪역옹패설≫ 전집에 기록된 충선왕과 이제현의 대담을 통해서 보면, 신준은 무신란이 일어났을 때 겨우 화를 면하고 승려가 되어 일생을 보낸 사람이었음을 알 수 있다. 호는 백운자(白雲子)다.

꾀꼬리 노래를 듣고

진홍빛 부리에 노란 옷 입고 아름다움을 뽐내니,
불긋한 담 옆 푸른 나무에 가서 노래해야 어울릴 텐데.
무슨 일로 황량한 마을 쓸쓸한 곳에 와서,
가끔 수풀 너머로 두세 마디 노래하나.

自矜絳嘴黃衣麗 宜向紅墻綠樹鳴
何事荒村寥落地 隔林時送兩三聲

<聞鶯>

평설 제1구의 강(絳)은 '진홍(眞紅)빛'을 뜻한다. 취(嘴)는 날짐승의 '부리'를 말한다.

이인로는 ≪파한집≫ 하권에서 작자가 유학을 버리고 불교를 배워 이름난 산에 두루 놀러 다니더니 도중에 꾀꼬리 우는소리를 듣고 이 시를 지었다고 소개하였다.

제자를 보내며

신릉 공자가 정병을 거느리고,
멀리 한단에 가서 큰 이름을 날리누나.
천하의 영웅들이 다 본받아 따랐으나,
가엾어라, 눈물짓는 늙은 후영이여!

信陵公子統精兵 遠赴邯鄲立大名
天下英雄皆法從 可憐揮淚老侯瀛

<?>

평설 원래의 제목은 밝혀져 있지 않으나 제자를 서울로 보내 과거에 응시하도록 하며 지은 시이므로 위와 같이 붙였다.

제1구의 신릉(信陵)은 중국 전국시대 위(魏)나라 소왕(昭王)의 아들로 식객(食客)이 3천 명에 이르렀다고 한다.

제2구의 한단(邯鄲)은 전국시대 조(趙)나라의 수도였다. 이 구절은 B.C. 257년 진(秦)나라가 조나라 한단에 쳐들어 왔을 때 신릉 공자가 참전한 것을 말한다.

제4구의 후영(侯瀛)은 신릉 공자의 식객으로 있던 사람이었다. 당시 국세가 왕성하던 진나라는 B.C. 257년에 조나라를 공격, 조나라의 도읍 한단을 포위하였다. 신릉 공자의 누이는 조나라 왕의 아우인 평원군에게 출가하였으므로, 신릉 공자는 그 우의 때문에 조나라를 구하려고 식객 후영의 꾀로 왕의 허락 없이 군을 움직여, 진군을 치고 한단을 구하였다. 이 시에서는 작자 자신을 후영에, 자신의 제자를 신릉군에 빗대 노래한 것이다.

이제현은 ≪역옹패설≫ 전집에 충선왕과의 문답을 적어 두었는데, 그 가운데 당시의 학자들이 승려를 따라다니며 장구나 익히고 있는 풍조에 대해서 물은 대목이 있다.

이에 대해 이제현은 고려 초창기부터 학문을 권장하여 중기에 이르러서는 문물이 중화에 비해 손색이 없을 정도로 진전되었으나 무신란으로 말미암아 대부분의 문인 학자들이 변을 당하고 겨우 화를 피한 자들이 깊은 산 속으로 달아나 승려가 된 사정을 말하였다. 그러면서 그 예로 신준과 오생(悟生)을 들었다.

그 뒤로 학문을 익히고자 하는 선비들이 있어도 배울 만한 곳이 없으므로 부득이 산 속에 달아나 승려가 된 사람들을 찾아가 배울 수밖에 없게 되었다고 설명하면서 그 증거로 든 것이 이 시다.

12. 안치민(安置民)

작자 안치민은 고려 중기 무인집권기의 처사로, 자는 순지(淳之), 호는 기암거사(棄庵居士)·수거사(睡居士)·취수선생(醉睡先生), 본관은 안강(安康)이다. 이인로·이규보·유승단 등의 문인들과 함께 문명이 높았고, 그림에도 능하여 묵죽을 잘 그렸다.

대나무 그린 병풍에

다락 아래 대나무 숲 백 척이나 길게 자랐건만,
다락이 높아 다만 두어 가지의 끝만 보이누나.
땅에서 솟아나는 천 가닥 옥 같은 죽순을 보려거든,
모름지기 층계 밟아 이 다락에서 내려야 하리.

樓下篁林百尺脩 樓高只見數梢頭
要看拔地千竿玉 須踏層梯下此樓

<李僕射出小屏命作墨君地窄未能展意只写竹頭数梢仍題其後云>

평설 상당히 긴 제목의 뜻은 '이 복야가 작은 병풍을 내어주며 대나무를 그리라고 하였으나 그림 그릴 바탕이 좁아 뜻을 펼 수 없으므로, 다만 대나무 가지 끝 두어 개를 그리고 그 뒤에 지은 시에 이르기를'이다. 복야(僕射)는 고려 때 상서성(尙書省)의 정2품 벼슬로 상서좌복야(尙書左僕射) 혹은 상서우복야(尙書右僕射)를 줄여 쓴 말이다. '이 복야'는 ≪보한집≫에 의하면 이세장(李世長)인데, 자세한 행적은 미상

이다.

작자는 일찍이 자화상인 <취수선생진영(醉睡先生眞影)>을 그리고 그에 대한 찬(讚)을 지었는데, 최자는 ≪보한집≫ 중권에서 그 사실을 소개하고 한문의 여러 가지 문체에 관한 자신의 이론을 편 뒤, 작자가 찬을 짓는 격식을 체득하였다고 칭찬하였다.

이어서 작자가 글씨와 그림에도 뛰어났다고 하면서, 늘 대를 그리고 시를 지어 그 뒤에 써 놓곤 하였다고 소개하였다. 그 소문을 들은 복야 이세장의 부탁으로 병풍에 대나무를 그리고, 그 그림에 지어 쓴 것이 이 시인 것이다.

이 시에 대해 이유지(李由之)가 찬양한 시를 이어 소개한 뒤, '안거사의 시는 호방하고, 이유지의 시는 청신하다고 사람들의 입에 오르내린다'라고 하였다.

이 시는 ≪동문선≫ 제19권에도 실려 있으나, 여러 곳의 글자가 달리 표기되어 있다. 제2구의 견(見)이 득(得)으로, 제3구의 천간(千竿)이 능릉(凌凌)으로 표기되어 있다. '능릉'은 '얼음 같이 차고 맑은 모양'을 뜻한다. 제4구의 수(須)가 차(且)로, 하차루(下此樓)가 잠하루(蹔下樓)로 표기되어 있다. 잠(蹔)은 잠(暫)과 같은 의미로 '잠시'·'잠깐'이라는 뜻이다.

13. 오생(悟生)

작자 ≪역옹패설≫ 전집에 기록된 충선왕과 이제현의 대담을 통해서 보면, 오생 역시 앞의 신준과 같이 무신난이 일어났을 때 겨우 화를 면하고 승려가 되어 일생을 보낸 사람이었음을 알 수 있다.

황산강 다락에서

누워서 어부들이 배 저으며 하는 말 들으니,
티끌 일으키며 말달리는 사람들은 우리편이 아니라 하네.

臥聞漁父軸轤語 走馬紅塵非我徒

<黃山江楼*>

평설 제목의 '황산강'은 오늘날의 낙동강(洛東江)을 말한다. 이 시는 전편이 전하지 않고, ≪역옹패설≫에 낙구(落句)라고 한 것으로 보아, 칠언율시의 제7~8구임을 알 수 있다.

제7구의 축로(軸轤)는 축로(舳艫)를 잘못 쓴 것이다. 축(舳)은 배의 고물, 곧 선미(船尾)를 뜻하고, 로(艫)는 배의 이물, 곧 뱃머리 [선수(船首)]를 뜻한다.

제8구의 홍진(紅塵)은 '햇빛에 비쳐 벌겋게 일어나는 티끌'이라는 뜻이나 '번거롭고 속된 세상'을 가리키기도 한다.

이제현은 ≪역옹패설≫ 후집에 이 시와 소동파의 <어부사> 가운데 두 구를 나란히 소개하고, 각각의 시를 그림에 견주어 평하였다.

인용된 소동파의 시는 다음과 같다.

강가에 말 타고 있는 이는 벼슬아치라는데,
내 외로운 배 빌려 타고 남쪽 언덕으로 건너겠다네.

江頭騎馬是官人 借我孤舟南渡坡

<漁父詞>

소동파의 시는 송나라의 화가인 용민(龍眠) 이공린(李公麟, 1049?~1106)이 그린, 한나라 때의 장군인 이광(李廣)이 오랑캐의 활을 빼앗아 힘껏 당긴 채 아직 쏘지 않고 있는 그림에 비하였다. 반면, 오생의 시는 뒤따라오는 기병을 쏘아 맞힌 그림에 견주었다.

14. 오세문(吳世文)

작자 오세문은 고려 무신집권기의 문인으로, 본관은 고창(高敞), 한림학사 학린(學麟)의 손자이며, 세공(世功)의 아우, 세재(世才)의 형이다. 3형제가 모두 문장으로 이름이 났다. 비서승·낭중·동각 등의 벼슬을 역임하였다. ≪삼국유사≫에 의하면 <역대가(歷代歌)>를 지었다고 한다.

녹양역

꽃이 있어 마을 값이 비싼데,
버들이 없어 역 이름이 외롭네.
높이 자란 나무에는 해가 먼저 비추고,
마른 뽕나무에는 바람이 절로 부르네.

有花村價重 無柳驛名孤 喬木日先照 枯桑風自呼

<綠楊驛>

평설 제목의 '녹양역'은 경기도 양주(楊州)에 있던 역이다.

최자는 ≪보한집≫ 상권에 이 시를 소개하고, '고상하고 담박해서 맛이 있다'라고 평한 뒤, 그러나 '맛이 있는 것보다는 뜻이 극진한 것이 더 낫다'고 하였다. 이 시는 ≪신증동국여지승람≫ 제11권 양주목 역원조에도 소개되어 있는데, 제4구의 고상(枯桑)이 엽고(葉枯)로 달리 표기되어 있다.

15. 오세재(吳世才)

작자 오세재(1133~?)는 고려 명종 때의 학자이자 문인으로, 자는 덕전(德全), 본관은 고창(高敞), 한림학사 학린의 손자이며, 세공·세문의 아우다. 성격이 세상에 용납되지 못하여 친구인 이인로가 세 번이나 추천하였으나 끝내 벼슬에 오르지 못하였다. 18세였던 이규보와 53세의 나이로 망년지교(忘年之交)를 허락하였고, 이른바 해좌칠현(海左七賢)의 한 사람으로 시주(詩酒)로 즐기다가 만년에는 경주에 내려가 살면서 가난에 시달리다 죽고 말았다. 이규보는 문하생의 입장에서 사사로이 그에게 현정선생(玄靜先生)이라 시호하여 영전에 바쳤다.

창바위

북악에 깎아지른 듯한 바위를,
나라 사람들이 창바위라고 부르네.
학을 탄 왕자 진을 멀리 쳐 올리는 듯도 하고,
하늘로 오르는 무함을 높이 찌르는 듯도 하네.
자루를 손에 쥐면 번갯불이 번뜩이고,
날을 닦으면 서리가 소금처럼 뿌려질 듯하네.
어찌하면 이를 병기로 만들어,
초를 패망시키고 범나라도 멸망시킬꼬.

北嶺巉巉石 邦人號戟巖 迥舂乘鶴晉 高刺上天咸

揉柄電爲火 洗鋒霜是塩 何當作兵器 敗楚亦亡凡

<戟巖>

평설 제목의 '극암'은 경기도 개성의 송악산에 있는 바위다.

제1구의 참참(巉巉)은 가파르거나 깎아지른 듯한 모양을 형용하는 말이다.

제3구의 형(逈)은 '멀다'는 뜻이며, 용(摏)은 찌르거나 치는 동작을 나타내는 말이다. 진(晉)은 주(周)나라 영왕(靈王)의 아들로 피리를 잘 불었는데, 신선이 되어 갔다가 30여 년만에 학을 타고 와서 구씨산(緱氏山)에 내렸다고 한다.

제4구의 함(咸)은 옛날의 신령스러운 무당으로, 은(殷)나라 중종(中宗) 때 하늘에서 내려온 무함(巫咸)을 가리킨다.

제5구의 유(揉)는 쥐거나 주무르는 동작을 나타내는 말이다. 병(柄)은 칼이나 창 등의 '자루'를 뜻한다.

제6구의 봉(鋒)은 칼이나 창 등의 날카로운 '날'을 뜻한다. 염(塩)은 '소금'을 뜻하는 염(鹽)의 속자다.

제8구는 ≪장자≫ 전자방(田子方)편의 다음 대목에서 따온 것이다. "초왕이 범군과 마주앉아 있었다. 잠시 후 초왕과 그 신하들이 범나라가 망했다고 세 번이나 말을 했다. 그러자 범군은, '범나라의 멸망이 나의 존재를 없앨 수는 없는 것입니다.'라고 하였다. 범나라의 멸망이 나의 존재를 없앨 수 없는 것이라면, 초나라의 존재도 나의 존재를 존재하게 할 수 있는 것은 아니다. 이렇게 본다면 범나라는 처음부터 망한 일이 없고, 초나라는 처음부터 존재한 일이 없는 것과 같은 것이다."

이규보는 이 시에 발문을 붙였는데, 그 대략의 내용은 이러하다. 이규보는 먼저 작자가 시를 힘차게 잘 지어 사람들의 입에 오르내리는 작품이 많다고 하면서, 그러나 강운을 달아서 자연스럽게 이루어진 시가 별반 없다고 평하였다. 이 시는 다른 사람이 불러준

운자에 따라 지은 것이라는 설명에 이어 시를 소개하고 후일담까지 덧붙이는 것으로 글을 마무리하였다. 후일담은 곧 중국에서 사신으로 온 사람이 이 시를 보고 감탄을 하면서 만나보고자 하였다는 것이다.

최자도 또한 ≪보한집≫ 상권에 이 시와 함께 이규보가 소개한 후일담과 비슷한 내용을 말하였는데, '중국에서는 이 정도의 시를 짓는 사람에게는 반드시 벼슬을 준다'는 내용과 '이 시는 한가할 때 지은 것이 아니라 누군가가 어려운 운자를 내어 억지로 짓게 하였을 것'이라는 내용이 덧붙여져 있다.

이제현은 ≪역옹패설≫ 후집에서 작자가 남이 불러주는 운에 따라 지은 시라고 하면서 이 시를 소개하였으나, 그 밖의 별다른 평은 하지 않았다.

이 시는 ≪동국이상국집≫ 제21권 <오덕전극암시발미(吳德全戟巖詩跋尾)>, ≪보한집≫ 상권, ≪역옹패설≫ 후집, ≪동문선≫ 제9권 등에 수록되어 있으나 약간씩 달리 표기되어 있다. 제1구의 참참석(巉巉石)이 ≪동문선≫과 ≪역옹패설≫에는 석참참(石巉巉)으로, 제2구의 방(邦)이 ≪동문선≫에는 방(傍)으로, ≪보한집≫에는 방(旁)으로 표기되어 있고, 제3구의 용(摏)이 ≪동문선≫에는 당(撞)으로, 제8구의 역망(亦亡)이 ≪역옹패설≫에는 각존(却存)으로 달리 표기되어 있다. 대부분 의미상 큰 차이가 없으나, 제8구가 ≪역옹패설≫에서는 '초를 패망시키고 범나라는 남겨둘 수 있을까'로 의미가 달라진다.

병든 눈

늙으니 병도 따르는 데다,
한평생 가난한 선비의 신세.
눈은 가려져 보이지 않는 것이 많고,
눈동자에는 광채가 적어져 가는구나.
등불 앞에선 글자 보기가 겁나고,
눈 온 뒤에는 햇빛 보기가 부끄럽구나.
과거 발표를 보고 난 뒤에는,
눈감고 앉아 세상일을 잊으리라.

老與病相隨 窮年一布衣 玄華多掩映 紫石少光輝
怯照燈前字 羞看雪後暉 待看金榜罷 閉目坐忘機

<病目>

평설 제2구의 궁년(窮年)은 '한평생'을 뜻한다. 포의(布衣)는 '아직 벼슬길에 나아가지 못한 선비'를 가리킨다.

제3구의 현화(玄華)는 '검게 빛나는 것'이라는 뜻으로, 머리칼의 신령을 뜻하는데, 눈[目]을 가리키기도 한다.

제4구의 자석(紫石)은 자석영(紫石英)으로 자줏빛 석영을 뜻하나, 흔히 '눈동자'의 비유로 쓰인다.

제6구의 수간(羞看)은 '(햇빛을) 보기가 부끄럽다'는 말인데, 눈이 갠 뒤 햇빛이 났을 때 '눈이 부신 것'을 그렇게 표현한 것이다.

제7구의 금방(金榜)은 과거를 치른 뒤에 발표하는 급제자의 명단을 말한다.

제8구의 망기(忘機)는 '세속의 일이나 욕심을 잊는다'는 뜻이다.

≪파한집≫ 하권에서 이인로는 '천하의 일 가운데 귀천이나 빈부로써 높고 낮음을 판단할 수 없는 것이 문장일 뿐'이라고 전제한 뒤, 작자가 여러 차례 과거에 응시하여 줄곧 낙방한 일과 함께 이 시를 소개하였다. 그리고 작자가 세 번이나 장가를 가고서도 자식을 두지 못하였고, 송곳을 꽂을 만한 땅도 없이 가난하게 지내다가 나이 50세에 이르러 겨우 급제하였으나 경주에서 나그네 신세로 죽고 말았다고 하였다. 끝으로, 작자가 빈궁하게 살다가 죽었으나 그 문장은 버릴 수 없다고 하였다.

이제현은 ≪역옹패설≫ 후집에서 <창바위> 시에 이어 이 시를 소개하였으나 별다른 평은 하지 않았다.

이 시는 ≪역옹패설≫ 후집과 ≪동문선≫ 제9권에도 실려 있으나, 표기상 약간의 차이가 있다. 제1구의 수(隨)가 ≪역옹패설≫에는 기(期)로, 제3구의 영(映)은 예(翳)로, 제8구의 좌(坐)가 학(學)으로 각각 달리 표기되어 있다. 또한 제6구의 간(看)이 ≪동문선≫에는 승(承)으로 표기되어 있는데, 잘못된 표기로 보인다.

16. 오정석(吳廷碩)

작자 오정석은 호를 백운자(白雲子)라고 하였고, 고려 무신집권기의 문인인 듯하나 행적이 분명하지 않다. ≪동문선≫에 칠언시 3편이 전하고 있다.

팔전산에 노닐며

가람이 길어 산 그림자는 멀고,
숲이 무성하니 새 울음소리가 깊숙하구나.
지친 마부야, 채찍질을 말려무나.
느릿느릿 가면서 오래도록 읊조리게.

水長山影遠 林茂鳥啼深 倦僕莫鞭馬 徐行得久吟

<遊八顚山>

평설 제목의 '팔전산'은 전라남도 고흥(高興)에 있는 산이다.

≪보한집≫ 상권에서 최자는 성균직강으로 있는 하천단(河千旦)이 이 시를 외우면서 제2구가 절창이라고 한 말을 소개한 뒤 자신의 견해를 덧붙였다. 곧 '이 시는 뜻을 둔 곳이 한적하고 멀어서 네 구절을 붙여 읽어야 아름다운 맛을 느낄 수 있는데, 어찌 한 구절만을 절창이라고 하는가?'라고 반박하였다. 이어서 이 시의 제2구는 두보의 '대밭 너머 새 울음이 깊다'라는 구절을 벗겨온 것이라고 하면서, 이 시의 '숲이 무성하다'는 말은 '대밭 너머'라는 말에 비하

면 물이 탁한 경수(涇水)와 물이 맑은 위수(渭水)처럼 탁하고 맑음이 분명히 구별된다고 하였다.

17. 요일(寥一)

작자 ≪파한집≫ 중권 말미의 기록에 요일은 승통으로, 명종의 대숙(大叔)이라고 소개하였다. '대숙'은 부친과 연배가 엇비슷한 어른을 가리키는 말이므로, 요일은 명종의 부왕인 인종과 비슷한 나이의 승려였던 것으로 보인다. 또한 ≪고려사절요≫ 명종27년조 기록에 의하면 당시 요일은 흥왕사 승려로 있었음을 알 수 있다. 흥왕사는 경기도 풍덕에 있던 절이다.

물러가기를 청하며

새벽마다 스러지는 꿈은 산문에 부쳐놓고.
10년이나 궁궐 안에서 어정거렸구나.
새벽 차는 난새 봉새의 그림자처럼 가늘게 피어나고,
기이한 향은 자고반 가루를 새로 타서라네.
가엾다, 여윈 학은 뭐 하러 하늘 높이 날아올라서,
오래도록 외로운 잔나비 푸른 산을 원망케 했던고.
바라는 건 여생을 예전 은거하던 곳으로 돌려보내
바위에 걸린 구름이 적적하지 않게 하소서.

五更殘夢寄松關 十載低徊紫禁間
早茗細含鸞鳳影 異香新屑鷓鴣斑
自憐瘦鶴翔丹漢 久使寒猿怨碧山

願把殘陽還舊隱 不教巖畔白雲閑

<乞退>

평설 제1구의 송관(松關)은 소나무가 자라 자연스럽게 문 모양이 된 것으로, 사립문이나 절간의 산문(山門)을 말한다.

제2구의 자금(紫禁)은 제왕을 상징하는 자미원(紫微垣)의 별칭으로, 궁궐을 뜻한다.

제3구의 난봉영(鸞鳳影)은 차에서 피어나는 김을 비유적으로 형용한 말이다.

제4구의 자고반(鷓鴣斑)은 자고새 무늬처럼 짙은 갈색에 흰 점이 있는 향이다.

제5구의 '하늘에 날아오른 여윈 학'은 작자 자신을 빗대 나타낸 말이다.

제6구의 '외로운 잔나비'는 작자가 궁중으로 올 때 버리고 떠나온 것들을 가리킨다.

제8구의 '바위에 걸린 구름'도 작자가 궁중으로 올 때 버리고 떠나온 것들을 가리킨다.

≪파한집≫ 중권에 의하면, 명종은 이 시를 보고 매우 칭찬하며 옛사람의 '청려장 짚고 일찍이 돌아가는 것을 의아해 말라. 정든 곳 시냇가의 구름을 내팽개쳐 두었으니.(莫訝杖藜歸去早 故山閑却一溪雲)'라는 시를 인용한 뒤 "대사의 기발한 흥취를 그가 먼저 얻었구려."라고 하였다는 것이다. 그리고는 요일의 시에 화답하였는데, 화답시는 이 책의 명종 항목을 참고하기 바란다.

이 화답시를 소개한 뒤에 이인로는 예로부터 임금이 총애하는 승려들에게 글을 하사한 예는 많으나 이처럼 친히 승려의 시에 차운한 경우는 특이하다고 극찬하였다.

이 시는 ≪동문선≫ 제13권에도 실려 있다.

18. 우돌(于咄)

작자 우돌은 고려 고종 때의 인물인 송국첨(宋國瞻)과의 일화가 전하는 것으로 보아 무신집권 시대에 평안도 용성(龍城)의 관기로 있었음을 알 수 있다.

저의 본 뜻은

광평의 창자는 쇠처럼 굳다는 것을 일찍이 알아서,
저는 본디 잠자리를 함께 할 생각이 없었지요.
그저 바라는 건 하룻밤 술자리에서 시를 지어,
풍월 읊는 거나 거들면서 좋은 인연을 맺자는 거지요.

廣平腸鐵早知堅　兒本無心共枕眠
但願一宵詩酒席　助吟風月結芳緣

<?>

평설 제1구의 광평(廣平)은 당나라 때 강직하여 철석심장(鐵石心腸)으로 불렸던 광평군 송경(宋璟, 663~737)을 가리킨다. 송국첨이 송경과 성이 같으므로, 송국첨을 송경에 빗대 말한 것이다.

≪보한집≫ 하권에 의하면, 송국첨이 용성의 군영에 나가 있을 때 우돌이라는 기생이 그곳에 오는 관리들에게 사랑을 받아 잔치 자리에서 늘 함께 즐기곤 하였는데, 송국첨만은 우돌을 가까이하지 않았다는 것이다. 그래서 우돌이 이 시를 지어 그에게 바쳤다고 한다.

19. 유승단(兪升旦)

작자 유승단(1168~1232)은 고려 고종 때의 문인으로, 처음 이름은 원순(元淳), 본관은 인동(仁同)이다. 시학 · 수궁서승 · 사부 · 예부시랑 우간의대부 · 추밀원부사 좌우산기상시 · 참지정사 등을 역임하였다. <한림별곡>에 '원순문'이라고 일컬어질 정도로 문장에 뛰어났다. 시호는 문안(文安)이다.

혈구사에서

땅은 열흘 걸릴 길을 줄였고,
하늘은 한 자면 닿을 듯 가까이 있다.
비오는 밤에도 달을 볼 수 있고,
바람 부는 낮에도 먼지가 오르지 못한다.
초하루 그믐은 조수로 달력을 삼고,
추위와 더위는 풀빛이 절기를 표시해준다.
세상일을 보니 오랑캐들만 날뛰고,
구름 위에 누운 사람 못내 부러워.

地縮兼旬路 天低去尺隣 雨宵猶見月 風晝不躋塵
晦朔潮爲曆 寒暄草記辰 胡羌看世事 堪羨臥雲人

<穴口寺>

평설 제목의 '혈구사'는 강화도에 있던 절이다.

≪보한집≫ 중권에서 최자는 유승단의 글과 행실이 인륜의 귀감이 된다고 칭송하고, 그의 좌우명이 '속이지 않는다[不欺]'라는 것을 소개하였다. 또한 상서 벼슬을 한 박인석(朴仁碩)의 말을 인용하여 유승단이 '밤을 비춰주는 신비한 구슬' 같은 사람이라고 하면서 위의 작품을 비롯한 7편의 시를 소개하였다.

≪동인시화≫ 상권에서 서거정은 앞 시대의 사람들이 유승단의 <혈구사>시 가운데 경련에 해당하는 제5~6구가 공교롭다고 여겼다고 하면서, 도연명의 시 가운데 '비록 역수를 기록할 책은 없지만, 사시가 절로 세수를 이룬다네.(雖無紀曆誌 四時自成歲)'라는 구절과 당나라 사람의 시에서 '산승은 갑자를 헤아릴 줄 모르지만, 낙엽 하나에 온 세상이 가을임을 안다네,(山僧不解數甲子 一葉落知天地秋)'라는 구절을 들어, 옛사람에게도 이런 생각이 있었지만 유승단이 시를 꾸미고 다듬은 것이 절로 오묘하다고 감탄하였다.

≪청구풍아≫ 제3권에서 김종직은 이 시의 함련인 제3~4구가 절이 높이 있다는 것을 나타냈는데 시어와 시상이 자별하다고 하였다.

이 시는 ≪동문선≫ 제9권과 ≪청구풍아≫ 제3권에도 실려 있는바, 두 곳 모두 제7구의 호강(胡羌)이 간과(干戈)로 달리 표기되어 있다.

20. 유희(劉曦)

작자 유희(?~1173)는 고려 명종 때의 문인으로, 책문(策問)에 뛰어났던 충기(冲基)의 아버지다. 의종 때 임금이 친히 주관하는 과거에 장원으로 급제하여 한림학사를 지냈으나, 의종의 복위를 위해 일으킨 김보당(金甫當)의 난에 연루되어 살해되었다.

화봉원을 지나며

귀양가는 벼슬아치 남쪽으로 열여섯 역말을 가다가
오늘 아침에사 상주의 경계를 밟았지.
요성 옆으로 몇 리 남짓한 곳에
외딴 고을 하나, 문경이라고 하더군.
그 고을 끝의 새원은 형세가 매우 장엄하여,
찬란한 금벽 단청이 서로 비쳐 어울리더군.
그 동쪽의 작은 다락은 더욱 기이하고 빼어나,
아름답게 쓴 옛 팔영시를 압도하였지.
아름답구나! 이 집을 누가 지었나?
광문이 그 이름이요, 성은 민씨라네.
내가 바로 민공의 문하생인데,
오늘 이 집 지으신 걸 보니 더욱 존경스러워.
아아! 이 분이 세상에 살아 계실 땐
천하를 경영하여 병폐 되는 일이 없었지.

어찌하여 천상에 백옥루가 낙성되어,
기러기 장공을 지나듯 그림자도 남기지 않으셨나.
티끌세상 범인은 길이 막혀 아득히 찾기 어려워,
그저 절로 이는 한탄만 여기다 주저리주저리 엮고 있네.

謫宦南行十六驛 今朝始踐尙原境
聊城側畔數里餘 有一僻郡號聞慶
郡邊新院勢甚嚴 爛然金碧交相映
東偏小樓尤奇絶 壓倒休文舊八詠
美哉此屋是誰營 光文其名閔其姓
我是閔公門下人 今見創構益自敬
嗟乎此人留在世 經營天下不爲病
奈何天上玉樓成 鴈過長空不留影
塵凡已隔杳難尋 只自興歎玆之永

<過華封院*>

평설 제목의 '화봉원'은 경상북도 문경에 있던 역원으로, 속칭 초곡원(草谷院)이라고도 하였다.

제1구의 '16역'은 고려 당시 개경으로부터 경주에 이르는 노정의 15역과 문경에서 상주에 이르는 1역을 말한 것임.

제2구의 '상원'은 경상북도 상주(尙州)의 옛 이름이다.

제3구의 '요성'은 경상북도 문경에 있던 역말이다.

제10구의 민광문(閔光文)은 고려 중엽의 문인이다.

제15구의 옥루(玉樓)는 천상의 옥황상제가 있다는 백옥루(白玉樓)로, 당나라 때 시인인 이하(李賀)의 고사에 빗대, 민광문이 죽은 것을 천상의 백옥루가 낙성되어 그 상량문을 짓기 위해 간 것으로 표현한 것이다.

≪보한집≫ 상권에서 최자는 이 시를 고려 인종 때의 문인인 곽동순(郭東珣)에게 보여주었다면 아마도 기문(記文)이라고 하였을 것이라고 한 뒤, 유희의 시는 어떤 경계(境界)를 만나면 지난날을 그리워하였기 때문에 말이 번다하면서 뜻은 곡진하다고 평하였다.

21. 이공승(李公升)

작자 이공승(1099~1183)은 고려 명종 때의 문신으로, 자는 달부(達夫), 본관은 청주(清州)이며, 태조 때의 공신인 겸의(謙宜)의 5대손이다. 직한림원 · 우정언 · 전중시어사 · 우사간 지제고 · 어사중승 · 동북면병마부사 · 추밀원 좌부승선 · 우승선 좌간의대부 · 지어사대사 · 추밀원지주사 · 지상서이부사 · 한림학사 · 형부상서 · 추밀원부사 태자빈객 · 동지추밀원사 이부상서 · 참지정사 판공부사 · 중서시랑평장사 등을 역임하였다. 시호는 문정(文貞)이다.

천관사

천관이라는 절 이름은 옛날의 연유가 있으리니,
그 전말을 들으니 문득 슬퍼지는구나.
정겨운 공자는 꽃 아래서 노닐고,
한을 품은 가인은 말 앞에서 울었네.
붉은 말은 정이 있어 외려 길을 아는데,
하인은 무슨 죄로 부질없이 채찍을 갈겼는고.
다만 남은 한 곡조 가사가 오묘하니,
두꺼비 토끼 잠든 달과 함께 만고에 전하네.

寺號天官昔有緣 忽聞經始一悽然
多情公子遊花下 含怨佳人泣馬前

紅鬣有情還識路 蒼頭何罪謾加鞭
唯餘一曲歌詞妙 蟾免同眠萬古傳

<天官寺>

평설 제목의 '천관사'는 경주(慶州)에 있던 절이다.

제3구의 '다정공자'는 김유신(金庾信)을 가리킨다.

제4구의 '한을 품은 가인'은 '천관'이라는 기생을 가리킨다.

제8구의 '두꺼비와 토끼'는 달을 뜻한다. 예로부터 달 속에는 두꺼비와 토끼가 산다고 믿어 왔다.

≪파한집≫ 중권에 따르면, 이 시는 고려 때 이공승이 경주의 관기(管記)로 부임하여 신라 때 김유신과 천관이라는 기생의 일화를 소재로 지은 것이다. 그 일화는 다음과 같다.

김유신의 소년 시절, 그의 어머니는 평소 엄하게 아들을 가르쳐 아무나 함부로 사귀지 못하게 하였다. 그런데 어느 날 김유신은 기생집에서 자고 들어왔다. 그 일로 어머니가 몹시 꾸짖자 김유신은 어머니 앞에서 맹세하고 다시는 그 기생집 앞을 지나가지 않았다. 어느 날 그가 술이 취해서 집으로 가는데 그가 탄 말이 전에 다니던 길을 따라 천관의 집에 이르렀다. 천관은 한편 기뻐하고 다른 한편으로는 원망하는 눈물을 흘리며 나와 맞이하였다. 문득 정신이 든 그는 타고 있던 말의 목을 베고는 뒤도 돌아보지 않고 가버렸다는 것이다.

천관은 원망하는 노래 한 곡조를 지었는데, 당시까지 전하였다고 한다.

22. 이규보(李奎報)

작자 이규보(1168~1241)는 고려 고종 때의 문신으로, 처음 이름은 인저(仁氐), 자는 춘경(春卿), 호는 백운거사(白雲居士), 본관은 황려(黃驪)이며, 호부시랑(戶部侍郞)을 지낸 윤수(允綏)의 아들이다. 직한림·우정언·보문각대제 지제고·한림학사 시강학사·국자좨주·수태보 문하시랑 평장사·감수국사·판예부사·한림원사·태자대보 등을 역임하였다. 만년에는 시·거문고·술을 좋아하여 삼혹호선생(三酷好先生)이라고 불렸다 한다. 시호는 문순(文順)이다.

바람 타고 다니는 열자

본디 도의 경지는 자신을 버리는 것인데,
하필 허공을 날아야 비로소 신선이라고 하랴.
바람결을 향해서만 열자를 찾으려 한다면,
저 하늘 가득 날아다니는 새들도 진인이겠구려.

從來道境尙遺身 何必乘虛始自神
若向風頭尋禦寇 滿空飛鳥亦眞人

<列子御風>

평설 제목과 제3구의 '열자'는 중국 고대의 도가 사상가인 열어구(列禦寇)를 말한다.

≪보한집≫ 중권에 따르면, 이 작품은 작자가 같은 해 급제한

친구들과 한 자리에 앉아 임경겸(任景謙)이 침실 병풍의 여섯 가지 그림을 두고 지은 시에 화답한 시 가운데 하나로, 열자가 바람을 타고 다니는 그림을 두고 지은 것이다. 최자는 이때 작자가 지은 6편 가운데 위의 시를 비롯한 4편을 소개한 뒤 '새로운 뜻[新意]이 절묘한 경지에 들어갔다'라고 평하였다.

문을 닫고 들어앉아

인간세상의 들끓는 비방을 피하려고,
문 닫고 편안히 누우니 덥수룩해진 머리.
처음에는 마음 설레는 봄처녀 같더니만,
차츰 차분해져 여름 참선 든 스님마냥 되었군.
아이들이 장난질로 옷자락을 당겨도 즐겁기만 하고,
손님들 찾아와 문을 두드려도 들은 체 만 체.
잘되고 못 되는 건 모두 하늘이 주시는 것,
메추리가 아무리 작아도 대붕이 부러울까.

爲避人間謗議騰 杜門高臥髮鬅鬙
初如蕩蕩懷春女 漸作寥寥結夏僧
兒戲牽衣聊足樂 客來敲戶不須膺
窮通榮辱皆天賦 斥鷃何曾羨大鵬

<杜門>

평설 제2구의 붕승(鬅鬙)은 머리칼이 더부룩하게 헝클어진 모양을 말한다.

제4구의 결하(結夏)는 승려들이 여름 석 달 동안 외출을 금하고 수행 정진하는 하안거(夏安居)를 뜻한다.

제8구의 메추리 이야기는 ≪장자≫에 나오는 것으로, 붕새가 9만 리를 솟아올라 남명(南冥)으로 날아갈 때 메추리가 가지 사이로

폴짝폴짝 날아다니며 이렇게 말하였다고 한다. "저 붕새는 뭐 하러 9만 리나 남쪽으로 날아간다지?"

≪보한집≫ 중권에서 최자는 진화(陳澕)가 이규보의 이 시와 이유지(李由之)의 시를 비교하여 이규보의 시가 못하다고 평한 데 대해 반론을 폈다.

진화는 이 시의 함연을 들고, "어금니 사이에 꿀을 넣어 둔 것처럼 점점 맛이 난다."고 하고, 이유지가 최당(崔讜) 등 기로상국의 시에 화답한 시 가운데 '졸려서 기댈 때는 잠시 푸른 옥 책상을 사용하고, 취했을 때 붙들어 모시는 데는 붉은 비단치마를 보내네.(睡倚乍容靑玉案 醉扶聊遣絳紗裙)'라는 구절은 "얼음을 깨물고 눈을 씹는 것 같아서 사람으로 하여금 마음을 상쾌하게 하고 얽매는 것이 없게 한다."라고 한 뒤, 이규보의 시구가 이유지의 것만 못하다고 평하였던 것이다.

이에 대해 최자는 이유지의 시구 정도는 신진들이라도 수련을 거듭하면 만에 하나는 얻을 수 있는 것이지만, 이규보의 시구는 '두문'의 뜻을 깊이 체득한 것으로서 노성(老成)한 솜씨가 아니면 참으로 이끌어 낼 수 없는 것이라고 하였다. 진화는 이유지 등 시로 쟁쟁한 인물들과 기로상국의 시에 화답하였는데, 군(裙)이라는 운자를 밟기가 어려운 상황에서 이유지가 그 시구를 이끌어 내자 감탄한 나머지 그런 말을 하게 된 것이라는 설명도 덧붙였다.

≪보한집≫ 중권에는 이 시의 함련인 제3~4구만이 소개되어 있어 ≪동문선≫ 제14권에서 뽑았다.

이 시는 ≪청구풍아≫ 제4권에도 실려 있는 바, 제6구의 응(鷹)이 응(膺)으로 달리 표기되어 있다.

노니는 물고기

어릿어릿하는 붉은 물고기 잠겼다가 다시 떠오르니,
사람들은 제멋대로 잘 노닌다고 말하지만,
가만히 생각해보면 잠시도 한가할 겨를 없어.
어부 돌아가자마자 또 해오라기가 노리는 신세.

圉圉紅鱗沒復浮 人言得意好優游
細思片隙無閑暇 漁父方歸鷺又謀

<遊魚>

평설 제1구의 어어(圉圉)는 몸이 괴로워서 어릿어릿하는 모양을 나타내는 말이다.

이 시는 ≪동국이상국집≫ 제13권에는 고율시로 분류하였고, ≪소화시평≫ 상권에는 칠언절구로 분류하였다.

꾀꼬리 우는소리

귀공자들 고운 기생 안고 있는 것은
교태와 노래로 기쁨을 흠씬 맛보려는 것.
봄 신명도 인간세상 즐거움을 배웠는지,
온갖 꽃 피워 놓고 널 보내 울게 하네.

公子王孫擁綺羅 要憑嬌唱助歡多
東君亦學人間樂 開了千花遣爾歌

<聞鶯>

평설 제1구의 기라(綺羅)는 본디 '비단으로 지은 화려한 옷'을 뜻하나 여기서는 '온갖 꽃'과 짝을 이루고 있으므로 '곱게 단장한 기생'의 의미로 풀었다.

제3구의 동군(東君)은 태양을 뜻하기도 하고, 청제(靑帝)와 같은 말로 봄을 관장하는 신명(神明)을 가리키기도 한다.

이 시는 ≪동국이상국집≫ 제14권에는 고율시로 분류하였고, ≪소화시평≫ 상권에는 칠언절구로 분류한 바, 제3구의 학(學)과 제4구의 송(送)이 ≪소화시평≫에는 각각 해(解)와 견(遣)으로 달리 표기되어 있으나 의미상의 차이는 없다.

≪보한집≫ 중권에 이 두 편의 시를 인용한 뒤 최자는 김신정(金莘鼎)과 자신이 주고받은 말을 소개하였다. 즉, 김신정이 앞의 시를 칭송하면서 두 편 가운데 어느 시가 좋으냐고 최자에게 물었다. 이에 대해 최자는 꾀꼬리 소리를 듣고 읊은 뒤의 시는 얕고 비근[천근(淺近)]한 데 비해, 노니는 물고기를 보고 지은 앞의 시는 웅장하고

깊은 [웅심(雄深)] 데다 비흥(比興)의 취지가 있어 더 낫다고 하였다.

여기서 비(比)와 흥(興)은 ≪시경≫의 육의(六義) 가운데 각각 하나로, '비'는 비슷한 예를 들어 비유적으로 표현하는 방법, '흥'은 본뜻을 말하기 전에 예를 들어 말하는 수사적 방법을 말한다.

이에 대해 김신정은 다음과 같이 최자의 견해가 잘못되었음을 지적하였는데, 결국 최자도 이에 승복하였다는 것이다.

'예로부터 오늘날까지 꾀꼬리를 읊은 시가 모두 이 시의 뜻에는 미치지 못했는데, 이규보만이 새로운 경지를 개척했다. 뜻이 비록 웅장하고 깊다고 해도 이미 묵은 것이면 곧 범상한 것이요, 비록 얕고 비근한 것이라도 새로운 경지를 개척한 것이면 경구(警句)라고 할 만하다.'

≪소화시평≫ 상권에서 홍만종은 물고기를 보고 지은 앞의 시를 최자가 더 낫다고 평한 데 대해 다음과 같이 자기 의견을 펼쳤다.

'물고기 시는 이치를 정심(精深)하게 만들어 냈고, 꾀꼬리 시는 상상력을 섬세하고 교묘하게 발휘하여 각각의 체(體)에서 가장 높은 경지에 도달하였으므로 잘되고 못된 차이를 말하기는 어려우나, 시의 격조는 두 편 모두 송시풍(宋詩風)으로 떨어졌다.'

문기장자시

구문에 상감 납시니 벽제 소리 우레와 같고,
궁중의 화려한 잔치 밤을 정해 열었도다.
용 촛대 불빛 그림자에 깃털 꽂은 깃발이 늘어섰고,
봉황 새긴 옥퉁소 부는 가운데 황금 술잔 보내왔네.
만세 삼창하니 삼신산이 솟아오르고,
천년에 한 번 익는 선도가 나왔네.
신하들이 마음껏 즐기도록 허락해 주셔서,
머리 가득 어사화 꽂고 취해 부축 받고 돌아왔네.

九門淸蹕走驚雷　蘂闕華筵卜夜開
龍燭影中排羽葆　鳳簫聲裏送金杯
三呼萬歲神山湧　一熟千年海菓來
恩許侍臣司宴樂　宣花滿揷醉扶廻

<文機障子詩>

평설 제목의 '문기장자'는 그림을 그리거나 글씨를 써넣은 장지문을 말한다.

제1구의 구문(九門)은 천자가 거처하는 곳의 아홉 문을 말한다. ≪예기(禮記)≫ 월령(月令)에는 노문(路門), 응문(應門), 치문(雉門), 고문(庫門), 얼문(臬門), 성문(城門), 근교문(近郊門), 원교문(遠郊門), 관문(關門)이라고 소개하였다.

제5구의 신산(神山)은 봉래(蓬萊), 방장(方丈), 영주(瀛州) 등 삼신산(三神山)을 말한다.

제6구의 해과(海菓)는 천년에 한 번 열매가 맺는다는 선도(仙桃)를 말한다.

이제현은 ≪역옹패설≫ 후집에서 송나라 때 대보름날 어제시(御製詩)에 응제(應製)한 시 가운데 가장 아름다웠던 왕기(王岐)의 "봉황새 한 쌍 구름 속에서 황제의 수레 옆으로 내려오고, 자라 여섯 마리 바다 위에서 삼신산을 끌고 오네.(雙鳳雲間扶輦下 六鰲海上駕山來)"라는 시구절을 소개한 뒤, 이 시의 제5~6구를 인용하고, "왕기 공과 함께 어깨를 나란히 하여 선두를 다툴 만하다."라고 칭송하였다.

이수광은 ≪지봉유설≫에서 고려시대 시의 명가로 이제현, 이색과 더불어 이규보를 든 뒤, 그가 지은 빼어난 시구의 하나로 이 시의 제5~6구를 들었다.

머리칼을 잘라서

너무도 깊은 사랑 역정으로 바뀌어,
짐짓 듣기 싫은 말로 누차 비위를 건드렸네.
칙명 받고 사가로 온 귀비 무에 한스러우랴.
칠흑 같은 머리채 명황의 환심 사고도 남았지.

愛極翻生拂意間 故將侵語屢捩干
勑還外第妃何恨 一朶烏雲足市歡

<剪髮>

옥피리를 불다가

봄바람 부는 궁궐에 아무도 아는 이 없어,
뽀얀 팔 걷어올리고 한가롭게 옥피리를 부누나.
남몰래 영왕에게 접근함은 작은 일이 아니거늘,
귀비를 끝내 사랑한 명황이 가엾구나.

春風深院沒人知 皓腕閑將玉笛吹
竊向寧王非細事 可憐君意未終移

<楊妃吹玉笛>

평설 뒤의 시 제3구의 영왕(寧王)은 당나라 예종(睿宗)의 장자이자 당나라 명황(明皇) 현종(玄宗)의 형으로 처음에 황태자로 봉해졌다가 나중에 영왕으로 봉해졌다.

≪동인시화≫ 상권에서 서거정은 이 두 편의 시의 후반부를 들고, 당 명황과 양귀비를 두고 시를 지은 당나라 시인 장우(張祐)와 송나라 시인 한구(韓駒)가 무릎을 꿇지 않을 수가 없을 것이라고 하였다.

배를 기다리며

아침해 막 떠올라 묵은 안개 걷히는데,
가는 말 재촉하여 한강 가에 이르렀다.
천왕이 돌아오지 않으니 누구에게 물으랴?
물새 한가로이 날고 강물도 절로 흐른다.

朝日初昇宿霧收 促鞭行到漢江頭
天王不返憑誰問 沙鳥閑飛水自流

<江上待舟>

평설 제3구의 천왕(天王)은 주나라 소왕(昭王)을 가리킨다. ≪춘추좌전(春秋左傳)≫ 희공(僖公) 4년조에 보면, 소왕이 남쪽 지방을 순수하다가 한수(漢水)를 건너게 되었는데 뱃사공이 왕을 미워하여 아교로 붙인 배에 태웠다. 배가 중류쯤에 이르러 해체되어 소왕은 그만 익사하고 말았다고 한다.

≪동인시화≫ 상권에는 이 시의 제목을 <사평원(沙平院)>이라고 하였다. 서거정은 조운흘(趙云仡)이 이 시를 자신이 엮은≪삼한시귀감(三韓詩龜鑑)≫에 뽑아 넣고는 "'천왕이 돌아오지 않는다'라고 한 것은 무슨 일을 가리키는 말인지 알 수 없다."라고 비판하고서도 이 시를 뽑아 넣은 것은 무슨 까닭이냐고 반문하였다. 이어서 그 말이 ≪춘추좌전≫에 있는 말을 쓴 것이긴 하지만 좋다고 할 수는 없다고 하였다.

이 시는 ≪동문선≫ 제20권에도 실려 있는 바, 제목이 <한강(漢江)>으로 기재되어 있다.

여름날

얇은 적삼 차림으로 삿자리 펴고 바람 부는 난간에 누웠더니,
단꿈을 깨우는 두어 차례 꾀꼬리 울음소리.
우거진 잎에 그늘진 꽃은 봄이 지나도 피어 있고,
엷은 구름 사이로 새어 나오는 햇빛은 빗속에도 환하다.

輕衫小簟臥風欞 夢斷啼鶯三兩聲
密葉翳花春後在 薄雲漏日雨中明

<夏日>

평설 이 시의 제목이 ≪동국이상국집(東國李相國集)≫ 제2권에는 고율시(古律詩) <하일즉사(夏日卽事)> 2수 가운데 제2수로, ≪동문선≫ 제20권에는 칠언절구(七言絶句) <하일(夏日)>로 분류·기재되어 있다.

제1구의 소점(小簟)은 '조그만 삿자리'를, 령(欞)은 령(櫺)과 같은 글자로 난간 또는 격자창(格子窓)을 말한다.

≪동인시화≫ 하권에서 서거정은 진화의 <야보(野步)>와 함께 이 시를 들고, 두 편의 시가 청신(淸新)하고 홀릴 만큼 기묘하며, 한아(閑雅)하고 깊은 맛이 느껴진다고 평하였다.

≪성수시화≫에서 허균은 이 시를 읽으면 상쾌한 느낌이 든다고 하였다.

이 시는 ≪동문선≫ 제20권에도 실려 있다.

북산에서

산사람의 마음을 시험하고자,

산문에 들자마자 주정부터 해봤지.

끝내 기쁨도 성냄도 드러내지 않으니,

참으로 고상한 선비임을 그제사 알았네.

欲試山人心 入門先醉㞃 了不見喜慍 始覺眞高士

<北山雜題>

평설 <북산잡제>라는 제목의 시는 ≪동국이상국집≫ 제5권에는 고율시로 분류되어 9편이 전하고, ≪동문선≫ 제19권에는 오언고시로 분류되어 4편이 수록되어 있는 바, ≪동문선≫ 소재 4편 가운데 뒤의 2편은 ≪동국이상국집≫의 9편 가운데 포함되어 있으나 앞의 2편은 수록되지 않았다. 따라서 <북산잡제>라는 제목으로 지은 이규보의 시는 현재까지 11편이 전하는 셈이다. 제목의 '북산'은 경기도 개성의 송악산(松嶽山) 북쪽에 있는 천마산(天磨山)을 가리킨다.

제1구의 산인(山人)은 속세를 떠나 산에 들어가 수도하는 사람을 말한다.

제2구의 취비(醉㞃)는 술주정을 말한다. ≪동인시화≫ 하권에서 서거정은 '시를 짓는 것이 어려운 것은 아니나 그 정경 속으로 들어가 한마디로 묘사하고 형용하여 온전히 다 드러내는 것은 옛사람들도 어려워하였다.'라고 전제하고, 이 시를 소개한 뒤에 '이와 같은 형용은 옛사람들도 쉽게 도달할 수 없는 것'이라고 칭찬하였다.

이 시는 ≪동문선≫ 제19권에도 실려 있다.

달밤에 객선을 보며

벼슬아치 한가롭게 젓대 비껴 부노라니,
부들 돛배 바람 가르며 나는 듯 떠가누나.
하늘의 둥근 달은 온 세상이 함께 하는데,
저만 달빛을 독차지해 싣고 돌아가는 듯.

官人閑捻笛橫吹 蒲席淩風去似飛
天上月輪天下共 自疑私載一船歸

<江上月夜望客舟>

평설 제1구의 한념(閑捻)은 '한가롭게 (젓대를) 잡는다'는 뜻이다.

제2구의 포석(蒲席)은 본디 '부들 풀로 짠 자리'를 뜻하나, 여기서는 '부들 풀로 짜서 만든 돛을 단 배'를 말한다.

≪성수시화≫에서 허균은 이규보의 <칠석영우(七夕詠雨)>라는 시가 참으로 절창이라고 평한 뒤 앞에 소개한 <여름날>에 이어 이 시를 들고 고상하게 빼어난 작품이라고 평하였다.

이 시는 ≪청구풍아≫ 제6권에 칠언절구로 분류되어 동일하게 실려 있고, ≪동국이상국집≫ 후집 제1권에는 고율시로 분류되어 실려 있는데, 제2구의 포석(蒲席)이 포석(蒲薦)으로, 거(去)가 주(走)로 달리 표기되어 있으나 의미상 차이는 없다.

우물에 비친 달

산사의 스님 달빛이 탐스러워,
물 항아리에 우물 속의 달도 함께 길었네.
절에 가서야 바야흐로 깨달으리라,
물을 쏟아 부으면 달 또한 없다는 것을.

山僧貪月色 幷汲一瓶中 到寺方應覺 瓶傾月亦空

<詠井中月>

평설 ≪지봉유설≫ 제13권에서 이수광은 이 시에 이어 이를 차운한 간이(簡易) 최립(崔岦)의 시를 소개하고, 두 작품의 우열이 하늘과 땅의 차이라고 하였다. 물론 이 시가 월등히 낫다는 평이다. ≪호곡만필≫에서 남용익은 고려시대 오언절구의 압권(壓卷)으로 이 시를 꼽았다.

이 시는 ≪청구풍아≫ 제6권에도 실려 있다.

덕연원에서

해 질 무렵 석 잔 술에 취하여,
맑은 바람결에 한숨 눈을 붙였지.
속 빈 대나무는 나그네 심성 같고,
늙은 소나무는 스님 나이와 비슷하군.
들판에 흐르는 물은 이끼 낀 돌을 들썩이고,
마을 밭은 푸른 산에 둘러 싸였네.
저물녘이라 산의 운치 더욱 좋아,
시상이 샘물처럼 솟아오르네.

落日三盃醉 淸風一枕眠 竹虛同客性 松老等僧年
野水搖蒼石 村畦繞翠巓 晩來山更好 詩思湧如泉

<和宿德淵院>

평설 제목의 '덕연원'은 역원(驛院)을 겸한 사찰인 듯하나 소재지는 미상이다.

홍만종은 ≪소화시평≫ 상권에서 역대 시인들의 오언시 가운데 경구의 하나로 이 시의 3, 4구를 들고 '그 외롭고 고고함을 사모한다.'라고 하였다.

이 시는 ≪청구풍아≫ 제3권에도 실려 있다.

천룡사에서

온 가족이 푸른 산기슭에 와서 사는데,
쭈그러진 두건 가벼운 적삼 차림으로 평상에 누웠네.
목이 마르니 시골 술맛 좋은 줄 새삼 알겠고,
졸음 올 때면 방가지똥 향기가 더욱 좋더라.
대 뿌리 땅에 드러나 용 허리처럼 굽었고,
파초잎은 창가에 봉황의 꼬리인 양 늘어졌네.
삼복더위에 송사 없어 일찍 쉬니,
이따금 다시 부처님 섬긴들 어떠랴.

全家來寄碧山傍 矮帽輕衫臥一床
肺渴更知村酒好 睡昏聊喜野茶香
竹根迸地龍腰曲 蕉葉當窓鳳尾長
三伏早休民訟少 不妨時復事空王

<寓居天竜寺有作>

평설 제목의 '천룡사'는 전라북도 전주시에 있던 절이다.

제4구의 야차(野茶)는 씀바귀와 유사한 '방가지똥'이라는 풀이다.

제8구의 공왕(空王)은 불교에서 모든 부처를 통칭하는 말이다.

≪농암집≫ 제34권 「잡지(雜誌) 외편(外篇)」에서 김창협은 위의 시를 비롯하여 절창이라고 알려진 이규보의 시구들은 '격조가 낮고 조잡하며 말이 자질구레하고 뜻이 천박하여, 송나라 때 문인인

엄우(嚴羽)가 이른바 열등한 시마(詩魔)가 폐부에 들어온 것'이라고 혹평을 하였다.

≪동시화≫ 제1권에서 하겸진은 이 시의 5, 6구를 들고, '한 시대에 걸쳐 입에 오르내린 작품'이라고 칭찬하였다. 이어서 이 시에 대한 김창협의 혹평을 소개하였다.

이 시는 ≪동문선≫ 제14권과 ≪신증동국여지승람≫ 제33권 전주도호부 불우(佛宇) 조에도 실려 있다.

23. 이백전(李百全)

작자 이백전(1167~1240)은 고려 고종 때의 문신으로 시랑 · 학사 · 성균사성 등을 지냈으며, 이규보와 많은 시를 수창한 것으로 알려져 있다.

어양을 지나며

한 차례 아모사 뒷 봉우리에 올랐는데,
일찍이 안녹산이 군사를 단련한 곳이라네.
그저 어여쁜 양귀비만 뺏고자 한 것일 뿐,
어찌 본디부터 천자가 되려고 다투었으랴.

一上鵝毛寺後峰 祿山曾此鍊軍容
只因欲奪雞頭肉 豈是爭爲月化龍

<過漁陽次李眉叟韻>

평설 이 시는 같은 제목의 시 2편 가운데 첫 번째 작품이다. 제목의 어양(漁陽)은 중국의 하북성(河北省) 밀운현(密雲縣) 서남쪽에 있는 고을이다.

제1구의 '아모사'는 어양에 있던 절이다.

제2구의 녹산(祿山)은 당나라 현종 때 평로절도사(平虜節度使)로 있다가 반란을 일으킨 안녹산을 말한다.

제3구의 계두육(鷄頭肉)은 미인의 젖으로, 여기서는 양귀비(楊貴妃)의 젖을 가리킨다.

제4구의 월화룡(月化龍)은 신하가 임금이 되는 것을 말한다.

≪보한집≫ 중권에서 최자는 학사 이인로가 금나라에 사신으로 갔다가 어양의 옛일을 회고하는 시에 차운하였는데, 그 뒤 이백전이 서장관으로 금나라에 갔다가 그곳에 이르러 이인로의 시에 화답하는 시를 지었다고 소개하였다.

이 시는 ≪동문선≫ 제19권에도 실려 있는 바, 이 시를 그의 형인 백순(百順)이 지은 것으로 되어 있다.

24. 이수(李需)

작자 이수는 고려 고종 때의 문신으로, 처음 이름은 종주(宗冑), 자는 낙운(樂雲)이다. 상서예부시랑 · 운각학사 · 아경 등을 역임하였다. 이규보와 수창한 시가 다수 전하고 있으며, ≪동국이상국집≫ 전집(前集)의 서문을 썼다.

보문사

바다 위에 구름 뚫어 길이 열렸는데,
부처님 옥호의 빛이 수정궁을 꿰뚫었네.
눈앞엔 넘실대는 유리 같이 푸른 물결,
혀 위에는 또렷이 붉은 연꽃봉오리.
머리는 장엄한 무량수 부처님이요,
손을 돌려 산재동자를 어루만지시네.
곱슬곱슬 검푸른 머리칼은 푸른 옥을 드리운 듯,
부처님 뒤의 후광은 오색 무지개를 두른 듯.
세상을 건지시는 참 공덕은 손바닥에 달려 있고,
중생들을 가여워하는 빛은 인자하신 눈에 어려 있네.
누런 책상 위에 펼쳐져 있는 한 권 한 권의 경문,
붉은 비단을 씌워 줄줄이 늘어선 등불.
석가모니 부처께서 인연 따라 영취산에 법회를 여시니,

오정역사도 따질 새 없이 촉 땅에 이르렀네.
높이 솟아오르는 성난 물결은 금빛 사자의 울부짖음,
불룩하게 뻗쳐 나온 기이한 바위는 쇠 코끼리처럼 웅장하네.
장엄한 전각들은 온 세계를 다 삼킨 양,
높이 솟은 누대들은 허공에 그대로 걸린 듯.
숲 속 스님은 병풍 그림 같은 데서 오래도록 살고,
늙은 낚시꾼은 거울처럼 맑은 물에서 내빼기 어렵겠네.
바위 밑에는 허공을 바라보는 황금빛 부처님,
뜰 안엔 설법 듣는 푸른 수염의 노스님.
오랜 세월 섬기느라 검은 책상에는 구멍이 났는데,
몇 년이나 공덕을 쌓았기에 노을 빛 승복은 누더기가 되었나.
길 찾아오신 손은 어디서 오신 분인가,
따스하게 손님 맞는 이는 바로 이 절 주지 스님.
아홉 가닥 법의는 전(田)자 무늬를 떨쳐 말렸고,
세 개피 장작을 품(品)자 모양으로 포개 불 지폈네.
벽을 보고 고요히 앉은 이는 눈썹이 눈처럼 희고,
차를 달이노라니 겨드랑이에서 맑은 바람이 이네.
새벽 경쇠 치는 소리에 변경이 고요하고,
밤에 울리는 종소리에 온 나라가 풍년일세.
오체를 던져오니 금방이라도 부서지려는 듯,
가부좌 틀고 오뚝이 앉아 마치 귀머거리인 양.
융마를 물리쳐 요하 북쪽 땅을 편안케 하고,

신령스러운 거북이를 길들여 해동을 진정시켰네.
진양후의 문하에 있는 이 몇이나 되는가.
세 번째 손님에 모두들 뜻을 같이 하여,
한 달 동안 재 올리며 은근히 비나니,
수저의 복과 수명이 천년토록 넘치소서.

海上穿雲線路通　玉毫光透水精宮
眼前瀲灩瑠璃碧　舌上分明菡萏紅
頂戴莊嚴無量壽　手回摩撫善財童
回旋紺髮垂蒼玉　掩映圓光繞彩虹
度世眞功懸寶掌　憫人愁色着慈瞳
經抽卷卷披黃机　燈列行行羃絳籠
一佛應緣開鷲嶺　五丁無計達蠶叢
箭掀怒水金猊吼　搪突奇巖鐵象雄
殿閣盡呑千世界　樓臺直掛一虛空
林僧長在畵屛裏　江叟難逃明鏡中
巖下觀空黃面老　庭中聽法綠髯翁
黎床作穴多年事　霞衲成層幾臘功
問路歸來何處客　接賓溫雅主人公
九條衣拂田文矖　三箇柴成品字烘
向壁寥寥眉帶雪　烹茶習習腋生風
寅朝擊磬三邊靜　乙夜鳴鐘九野豊

五體投來疑欲碎 雙趺結處兀如聾
退殘戎馬安遼北 馴養靈龜鎭海東
在一侯門人有幾 第三番客意僉同
營齋一月殷勤祝 繡邸千年福壽洪

<普門寺>

평설 제목의 '보문사'는 강화(江華) 석모도(席毛島)에 있는 사찰이다.

제2구의 옥호(玉毫)는 부처의 미간(眉間)에 난 털로, 빛을 발한다고 한다. 수정궁(水精宮)은 물 속, 혹은 용궁(龍宮)을 뜻하기도 한다.

제4구의 함담(菡萏)은 연꽃봉오리로, 불경에서는 풍성한 것의 비유로 쓰인다. 따라서 혀 위에 연꽃봉오리가 있다는 것은 여러 가지로 설법을 잘한다는 뜻이다.

제5구의 무량수불(無量壽佛)은 무량광불(無量光佛) 또는 아미타불(阿彌陀佛)이라고도 한다.

제6구의 선재(善財)동자는 ≪화엄경≫ 입법계품(入法界品)에 나오는 구도자로, 53명의 선지식(善知識)을 찾아 천하를 두루 다니다가, 마지막으로 보현보살(普賢菩薩)을 만나서 그의 십대원(十大願)을 듣고, 그 공덕으로 아미타불의 국토에 왕생하여 법계에 들어가는 큰 뜻을 이루었다고 한다.

제7구의 회선감발(回旋紺髮)은 '곱슬곱슬하고 검푸른 머리칼'이라는 뜻으로, 불상(佛像)의 육계(肉髻)를 가리킨다.

제8구의 원광(圓光)은 불상의 등뒤의 그리는 후광(後光)을 뜻한다.

제13구의 일불(一佛)은 석가세존(釋迦世尊)을 가리킨다. 취령(鷲嶺)은 영취산(靈鷲山)을 가리키는 바, 석가세존이 설법을 한 곳으로 영산(靈山)이라고도 한다.

제14구의 오정(五丁)은 옛 촉(蜀)나라의 역사(力士)로 산을 송두리째 옮겼다고 한다. 잠총(蠶叢)은 옛 촉 나라의 왕 이름으로, 촉 나라를 가리키기도 한다.

제15구의 시(簁)는 '체'를 뜻한다. 성난 물결의 형상을 '체로 끌어올리는 듯'하다고 비유하고, 그 소리를 사자후(獅子吼)에 비유한 것이다.

제16구의 당돌(搪突)은 불룩하게 솟아올라 있는 바위를 뜻한다. 그 형상의 웅장함을 '쇠로 만든 코끼리'에 비유한 것이다.

제21구의 황면로(黃面老)는 황금 불상을 가리킨다.

제27구의 구조의(九條衣)는 가장 지위가 높은 승려가 입는 가사(袈裟)를 뜻한다.

제29구의 요요(寥寥)는 괴괴하고 쓸쓸한 모양을 뜻한다.

제30구의 습습(習習)은 바람이 부드럽게 부는 모양을 뜻한다.

제31구의 인조(寅朝)는 새벽 3시~5시 사이를 뜻하며, 삼변(三邊)은 변경(邊境)을 뜻한다.

제32구의 을야(乙夜)는 오후 9시~11시까지의 밤 시간을 뜻하며, 구야(九野)는 구주(九州)와 같은 말로 온 나라를 가리키는 말이다.

제33구의 오체(五體)는 사람의 머리와 팔다리 등 사지(四肢)를 가리키는 말로, 오체투지(五體投地)는 불교에서 온몸을 땅에 붙여서 하는 절의 한 방법이다.

제35구의 융마(戎馬)는 본디 전쟁에서 쓰이는 무기와 군마를 뜻하는 말인데, 전쟁 또는 전쟁에 관한 일을 뜻하기도 한다.

제36구의 해동(海東)은 발해(渤海)의 동쪽이라는 뜻으로, 우리나라를 가리킨다.

제37구의 일후(一侯)는 고려 무신집권기인 1234년(고종21) 몽고의 침입에 대비하여 강화 천도를 단행하고 그 공으로 진양후(晉陽侯)에 봉해진 최이(崔怡, ?~1249)를 가리킨다.

제38구의 제삼번객(第三番客)은 소동파가 시에서 썼던 말로, 이백(李白)과 같은 천재 시인을 뜻한다.

제40구의 수저(繡邸)는 '수불(繡佛)을 모셔놓고 있는 저택'이라는 뜻이다. '수불'은 불상 등을 수를 놓아 표현하는 미술품이다. 여기서는 진양후 최이의 집을 가리키는 것으로 볼 수 있다.

≪동인시화≫ 하권에서 서거정은 이 시의 제9연(제17~18구)을 소개하면서 기상이 광활하다고 평하였다.

이 시는 ≪동문선≫ 제18권에 실려 있다.

25. 이윤보(李允甫)

작자 이윤보는 고려 의종 때의 문신으로, 자료가 부족하여 생애가 자세히 전하지 않는다. 대략 이규보와 비슷한 시기에 활동한 것으로 보인다. 한림원의 벼슬과 사관(史館)의 벼슬을 겸하여 지낸 것으로 보인다. 그는 평생에 두시(杜詩)를 좋아하였고, 가전체 작품으로 게를 의인화하여 <무장공자전(無腸公子傳)>을 지었다.

월궁에 노닐며

달이 멀리 부는 바람을 타고 푸른 허공에 굴러가니,
유리를 깎아내어 날아가는 바퀴를 만든 건가.
광한전은 천리에 둥긋하고,
옥 같은 선녀들은 난새 타고 뜰 아래 늘어섰네.
선계의 음악은 하늘 높이 생황과 통소로 울리고,
무지개 빛 치마가 바람에 날려 패옥 소리가 들려오네.
흰토끼는 몇 해나 약을 찧었던가,
약이 다 되어도 항아에게 도둑 맞지 않았네.
그 약을 이슬에 타서 신선에게 바쳐,
씹어 목구멍으로 삼키니 얼음과 눈처럼 시원했네.
그 약으로 신선들은 천상에서 장생을 누리고,
인간 세상에 빙설을 뿜어주어 모진 더위를 없애주네.
월궁을 수리하는 묘한 솜씨는 8만 가지인데,

옥도끼는 삼엄하게 늘어서 문빗장을 지키네.
제각기 소요하며 푸른 하늘의 놀이를 마음껏 즐기고,
하늘의 표주박으로 백옥 가루를 물리도록 마셨네.
부럽구나! 나공원은 은교를 만들어,
참성을 만지고 북두성의 혀를 지나 올라가네.
은하수는 내려와 견우성의 어깨를 어루만지며,
그곳을 밟고 경화를 움켜다가 손수 꿰매네.
천제의 궁궐은 바라다 볼 뿐 잡고 오를 수는 없기에,
밤마다 우러러보며 애만 끓누나.

月駕長風轉虛碧 劚出瑠璃作飛轍
廣寒宮殿千里圓 玉女乘鸞庭下列
天高仙樂咽笙簫 風動霓裳響環玦
白兎搗藥經幾秋 藥成不被姮娥竊
調和沆瀣供仙眞 嚼下天喉若氷雪
仙居天上得長生 噀向人間除酷熱
妙手修宮八萬條 玉斧森羅守扃鐍
逍遙各飽靑冥遊 厭飫天瓢白玉屑
羡他公遠緣銀橋 捫參陟過北斗舌
星河下拍牛郎肩 踏掬瓊華親手掇
淸都可望不可攀 夜夜轉頭心斷絶

<遊月宮>

평설 제3구의 광한궁전(廣寒宮殿)은 광한전이라고도 하는 바, 달나라에 있다는 궁전이다.

제6구의 예상(霓裳)은 예상우의(霓裳羽衣)를 줄인 말로, 선녀들이 입는 날개옷과 무지개 빛 치마를 가리킨다. 환결(環玦)은 패옥(佩玉)을 뜻한다.

제8구의 항아(姮娥)는 항아(嫦娥), 또는 섬서(蟾蜍)라고도 하는데, 달을 가리키기도 하고 달에 사는 미녀를 가리키기도 한다. 항아는 본디 예(羿)의 아내였는데, 예가 서왕모(西王母)에게서 불사약을 얻어 오자 몰래 훔쳐먹고 달나라로 달아나서 월정(月精)이 되었다고 하는 이야기가 전한다.

제9구의 항해(沆瀣)는 이슬을 말하는데, '신선이 마시는 물'의 뜻으로도 쓰인다.

제10구의 작(嚼)은 '씹는다'는 뜻이고, 제12구의 손(噀)은 '뿜는다'는 뜻이다.

제14구의 경휼(扃鐍)은 '문의 빗장'을 가리킨다.

제16구의 염어(厭飫)는 음식에 물려서 싫증이 나는 것을 말한다.

제17구의 공원(公遠)은 중국 당나라 때의 도사(道士)인 나공원(羅公遠)을 가리키는 것으로, 지팡이를 던져 다리를 만들고 명황(明皇)을 인도하여 월궁(月宮)에서 노닐었다고 한다.

제18구의 참(參)과 북두(北斗)는 모두 별자리의 이름이다.

제19구의 성하(星河)는 은하(銀河)·은한(銀漢)·천한(天漢)·성한(星漢)이라고도 하며, 은하수(銀河水)를 뜻한다. 우랑(牛郎)은 견우성(牽牛星)을 가리킨다.

제20구의 경화(瓊華)는 곤륜산(崑崙山)의 경수(瓊樹)에 피는 꽃으로, 장생불사약(長生不死藥)이라고 한다.

제21구의 청도(淸都)는 천제(天帝)의 궁궐을 뜻한다.

≪보한집≫ 중권에서 최자는 사관(史館)으로 있던 작자가 옥당(玉堂) 벼슬을 하던 진화(陳澕)와 더불어 숙직을 하다가 <월궁에 노닐며>라는 시를 지었다면서 이 시를 소개한 뒤, 여러 사람들이 진화

의 시가 맑고 웅장해서 더 낫다고 한 반면, 작자의 이 시는 맑고 시원하지만 자질구레하여 진화의 시만 못하다고 하였는데, 진화의 시는 없어지고 말았다고 하였다.

이 시는 ≪동문선≫ 제6권에도 실려 있는데, 제1구의 전허벽(轉虛碧)이 전벽허(轉碧虛)로 달리 표기되어 있다.

26. 이인로(李仁老)

작자 이인로(1152~1220)는 고려 고종 때의 문인으로, 처음 이름은 득옥(得玉), 자는 미수(眉叟), 본관은 경원(慶源)이며, 평장사(平章事)를 지낸 오(顗)의 증손이다. 일찍 부모를 여의고 의지할 데 없는 고아가 되었는데, 화엄승통(華嚴僧統)인 요일(寥一)이 거두어 양육하고 공부를 시켰다. 무신란 때 화를 피하여 승려가 되었다가 뒤에 환속하였다. 계양군 서기 · 예부원외랑 · 비서감 · 우간의대부 · 좌간의대부 등을 역임하였다. 임춘(林椿) · 오세재(吳世才) 등과 어울려 시와 술로 즐기며, 세칭 '죽림고회(竹林高會)'를 이루어 활동하였다. 저술로는 ≪은대집(銀臺集)≫ · ≪쌍명재집≫ · ≪파한집≫ 등이 있다고 하나 오늘날 ≪파한집≫만이 전하고 있다.

현직 재상께 바침

일찍 글공부하여 벼슬을 구했더니,
시만 이루고 부질없이 고생만 할 뿐.
늘그막의 회포는 봄 버들개지처럼 어지럽고,
쇠잔한 귀밑머리만 새벽 서리처럼 새롭네.
넘어진 밥솥에는 조반 짓는 일이 끊겼고,
주린 창자는 밤새 꼬르륵거리네.
은혜를 갚으려는 마음은 간절하지만,
누가 이 물 마른 곳의 고기를 구해주리오.

早學求遊宦 詩成謾苦辛 老懷春絮亂 衰鬢曉霜新
倒甑朝炊斷 飢腸夜吼頻 報恩心款款 誰是救枯鱗

<献時宰>

평설 제8구의 고린(枯鱗)은 ≪장자(莊子)≫에 나오는 학철고어(涸轍枯魚)와 같은 의미로, 수레바퀴 자국에 고였다가 말라 가는 물 속에 있는 물고기를 뜻한다.

≪파한집≫ 상권에서 이인로는 회문시(回文詩)에 대해 말하면서 잘 지은 예로 이지심(李知深)의 시를 든 뒤, 그 체를 본받아 지은 자신의 시를 소개하고, "회문시란 원래의 순서에 따라 읽으면 화하여 쉽고, 거꾸로 읽어도 소리가 빽빽하고 어려운 데가 없어 말과 뜻이 다 묘하게 된 뒤에야 공교하다고 할 수 있다."라고 하였다.

이 시는 ≪동문선≫ 제9권에도 실려 있는 바, 거꾸로 읽으면 다음과 같다.

물 마른 곳의 고기를 구하는 이 누구일까,
정성스러운 마음으로 은혜를 갚으려 하건만.
밤에 주린 창자에서는 꼬르륵거리는 소리만 나고,
끼니 끓여본 지 오래되어 밥솥도 나뒹굴고 있네.
첫 서리 내린 새벽, 귀밑머리도 하얗게 세고,
버들개지 날리던 봄날의 회포도 늙어만 가네.
애써서 부질없는 시만 이루어졌군,
벼슬하겠다고 일찍부터 글공부를 했었건만.

鱗枯救是誰 款款心恩報 頻吼夜腸飢 斷炊朝甑倒

新霜曉鬢衰 亂絮春懷老 辛苦謾成詩 宦遊求學早

어양을 지나며

무궁화 푸른 산봉우리에 마주 비치는데,
백옥 같이 흰 얼굴 해장술에 벌써 취했네.
예상무는 아직도 끝나지 않았는데,
하루 아침 우렛소리 저룡을 보내었네.

槿花相映碧山峯 卯酒初酣白玉容
舞罷霓裳猶未畢 一朝雷雨送猪龍

<過漁陽>

평설 제목의 '어양'은 중국 하북성 밀운현 서쪽에 있던 곳으로, 안녹산이 반란을 일으켰던 곳이다.

첫 구의 '근화'는 아침에 피었다가 저녁에 지는 무궁화로, 양귀비에 비유한 것이다.

제2구의 '묘주'는 묘시(오전 5~7시경)에 마시는 술을 뜻한다.

제3구의 '예상무'는 당나라의 현종과 양귀비가 좋아하던 곡인 <예상우의곡(霓裳羽衣曲)>과 그 곡에 맞추어 추는 춤을 말한다.

제4구의 '저룡'은 안녹산을 가리킨다. 안녹산이 당나라 현종의 궁중에서 크게 취하여 자는데 머리는 용으로, 몸은 돼지로 변하였다. 좌우에서 놀라 현종에게 아뢰니 저룡이니 염려할 것이 없다고 하였다고 한다.

이 시는 이인로의 아들인 이세황이 쓴 ≪파한집≫ 발문에 실려 있다. 최자는 ≪보한집≫ 중권에 이 시를 소개한 뒤, 이인로의 고사 인용은 말뜻을 청신하게 하지만, '근화'를 인용한 것은 말은 새롭지만 뜻은 절실하지 않다고 하였다. 그러나 봉(峯)과 용(龍)의 두 글자는 매우 아름답게 달았다고 추켰다.

서거정은 ≪동인시화≫ 상권에서 '푸른 산'이라는 말과 '봉우리'라는 말을 써서 시어가 중첩된 병폐를 벗어나지 못하였다고 비판하였다.

≪보한집≫과 ≪동문선≫ 제20권에는 첫 구의 상(相)이 저(低)로, 제3구의 유미필(猶未畢)이 환미족(歡未足)으로 달리 표기되어 있다.

월계화

갈홍에게 묻노니, 일만 섬의 단사를
어느 해에 작은 동산 속에 깊이 묻어 두었던가.
향기로운 월계의 뿌리가 노을진 구름빛에 물들어
짐짓 신선의 꽃이 되어 늙지 않고 붉기만 하네.

萬斛丹砂問葛洪 何年深窖小園中
芳根得染雲霞色 故作仙葩不老紅

<月季花>

평설 제목의 '월계화'는 장미과의 낙엽 활엽 관목으로 중국 원산이다. 줄기에 가시가 돋고, 초여름에 붉은 색과 연노랑 색의 꽃이 핀다.

첫 구의 곡(斛)은 곡식 10말을 가리키는 단위로 섬[石]과 같다. '갈홍'은 중국 진(晉)나라 때 사람으로 호를 포박자(抱朴子)라고 하였으며, 단사로 불사약을 만들어 신선이 되었다고 한다.

제2구의 교(窖)는 움, 구덩이 등을 뜻하는데, 여기서는 '묻어 두다'의 의미로 쓰였다.

최자는 ≪보한집≫ 중권에 이 시를 소개한 뒤 '단사(丹砂)'와 '운하(雲霞)'를 말한 것은 '비유 중의 비유'라고 하면서, 만일 다른 사람의 운을 사용하여 지었다면 첫 구의 운자로 홍(洪)을 쓴 것은 매우 잘된 것이라고 칭찬하였다.

천수사에서

손님 기다려도 손님은 오지 않고,
스님 찾아가니 스님도 안 계시네.
오직 잠자리로 돌아가지 못한 새만 남아
술병 들기를 간절히 권하네.

待客客未到 尋僧僧亦無 唯餘林外鳥 款曲勸提壺

<書天寿僧院壁>

평설 제목의 '천수사'는 고려 때 개경 동문 밖에 있던 절이다. 조통이 양주로 부임할 때 이인로와 함자직이 이곳에서 전송하려 하였는데, 조통이 친구들에게 붙잡혀서 날이 저물도록 오지 않았다. 기다리던 이인로가 절문을 두드렸지만 고요하고 아무도 없어 마침내 절 벽에 이 시를 써놓았다고 한다.

제4구의 제호(提壺)는 술병을 들라는 말이면서 새의 이름이기도 하다. 지저귀는 새소리가 마치 술을 권하는 것처럼 들렸다는 말이겠다.

서거정은 ≪동인시화≫ 상권에 이 시를 소개하고, 옛날 시를 평하던 사람들의 말인 "시는 그려내기 어려운 경치를 눈앞에 있는 것처럼 묘사하고, 시어로 다 표현해 낼 수 없는 뜻을 함축하여 말 밖에 드러낼 수 있은 뒤에야 지극한 것이 된다."는 것을 인용한 뒤 이 시에서 그러한 경지를 보았다고 극찬하였다. 또한 그는 이인로가 '제호'라는 시어를 써서 이중적인 효과를 나타내고 있는 것이 본디 한유의 시법에 있는 것인데, 이인로는 그러한 방법을 절로 체득하였다고 하였다. 이 시는 ≪동문선≫ 제19권에도 실려 있다.

밤새 벗과 얘기하며

담 너머로 술 한 병 안 보내주나 하면서
화로를 끼고 앉아 수염을 쬐고 있지.
낙사의 젊은이들을 따라가기는 싫고,
고양의 옛 술꾼들을 생각하자니 심심하군.
한밤중 닭 우는소리에 일어나 춤도 추다가
몇 번이나 이 잡으며 좋은 계책을 말했었지.
가슴속에 용도책이 꿈틀거리고 있으니,
남정군의 군교 한 자리쯤 시켜주는 게 어때.

試問隣墻過一壺 擁爐相對暖髭鬚
厭追洛社新年少 閑憶高陽舊酒徒
半夜聞鷄聊起舞 幾回捫虱話良圖
胸中磊磊龍韜策 許補征南一校無

<与友人夜話>

평설 제2구의 자수(髭鬚)는 코밑의 수염과 입가의 수염을 말한다.

제3구의 '낙사'는 당나라 때 백거이가 친구들과 어울려 만든 시 모임이다.

제4구의 '고양주도'는 서진(西晉) 때의 인물인 산간(山簡)을 가리킨다. 그는 죽림칠현의 한 사람인 산도(山濤)의 아들로, 양양 현령이 되었을 때 습욱(習郁)의 연못에 가서 배가 기울어지도록 술을 싣고는

다 마시고 취한 뒤에야 돌아왔다고 한다. 매양 이렇게 놀자 사람들이 그를 고양주도라고 부르게 된 것이다.

제6구의 문슬(捫虱)은 이 잡는 것을 뜻한다.

제7구의 뇌뢰(磊磊)는 꿈틀거리는 모양을 나타내는 말이다. 용도(龍韜)는 강태공이 남겼다는 병법서인 육도(六韜) 가운데 하나다.

허균은 ≪성수시화≫에서 이 시의 경련인 제5~6구를 들고, <한림별곡>에 나오듯이 이인로의 시가 당대의 으뜸이었는데 특히 이 구절이 좋다고 호평하였다.

이 시는 ≪동문선≫ 제13권에도 실려 있다.

산에 산다네

봄은 갔건만 꽃은 아직도 남아 있고,
날이 개었어도 골짜기는 그냥 어둑하네.
두견이가 한낮에도 울어대는 걸 보니
이제사 내 사는 데가 깊은 줄 알겠네.

春去花猶在 天晴谷自陰 杜鵑啼白晝 始覺卜居深

<山居>

평설 ≪청구풍아≫ 제6권에 김종직이 이 시를 싣고, "나의 형 백겸이 일찍이 고령현 반룡사에 놀러갔을 때 이 시가 아직도 벽에 걸려 있는 것을 보았다고 한다."라는 주를 달아놓은 것을 보면, 이 시의 산골짜기는 경상북도 고령군에 있는 것임을 알 수 있다.

홍만종은 ≪소화시평≫ 상권에 이 시를 소개한 뒤 당시(唐詩)와 매우 흡사하다고 하였다.

이 시는 ≪동문선≫ 제19권에도 실려 있다.

지리산에 노닐며

저 멀리 두류산에 저녁구름 나직하고,
만학천봉은 마치 회계산인 듯.
지팡이 짚고 청학동 찾노라니,
건너 숲에서 잔나비 울음소리만 들리누나.
누대는 아득하고 삼신산은 먼데,
이끼 끼어 희미해진 네 글자.
'무릉도원은 어디메냐?' 물어보려 했더니,
낙화만 물결 따라 흘러 내려 어딘지 모르겠네.

頭流山逈暮雲低 萬壑千巖似會稽
策杖欲尋青鶴洞 隔林空聽白猿啼
樓臺縹緲三山遠 苔蘚依俙四字題
試問仙源何處是 落花流水使人迷

<遊智異山>

평설 첫 구의 '두류산'은 지리산의 다른 이름이다.

제2구의 '회계'는 옛날의 모산(茅山)을 가리킨다.

제5구의 '삼산'은 '삼신산'을 뜻한다.

제6구의 태선(苔蘚)은 이끼를 가리킨다. 의희(依俙)는 희미하다는 뜻이다. 사자(四字)는 신라말 최치원이 지리산 쌍계사 입구에 남긴 쌍계(雙溪)·석문(石門)이라는 글씨를 말한다.

제7구의 선원(仙源)은 무릉도원(武陵桃源)과 같은 말이다.

하겸진은 ≪동시화≫ 제1권에 이 시를 소개한 뒤 다음과 같이 말하였다.

> 내가 남명 조식 선생의 <두류록>을 고찰해보았는데 '불일암(佛日庵)이라는 곳이 바로 청학동이다.'라고 씌어 있었다. 문정공 허목의 <청학동기>에도 '불일대(佛日臺) 앞에 앉아서 <청학동기>를 지었다.'라고 되어 있었다. 대개 청학동은 사람이 살지 않는 곳으로 필경 불일암 같은 곳이다. 즉 그곳은 신흥사와의 거리가 멀지 않은데 어찌하여 끝내 찾을 수 없었겠는가? 또한 그 가운데 어찌 좋은 땅이 있어 씨를 뿌리고 나무를 심을 수 있단 말인가? 이것은 그곳이 매우 궁벽하다는 것을 이인로 공이 간곡하게 말한 것에 지나지 않는다. 그 후 일천 년이 지난 지금까지 이 땅의 괴이한 것을 좋아하는 선비들이 청학동이라는 곳을 찾았기 때문에 그들의 발자취가 산중에 널려 있다. 결국은 죽을 때까지도 그쳐야 함을 알지 못하는 사람이 생기게 되었으니, 한번 크게 웃을 일이다.

이 시는 ≪동문선≫ 제13권에도 실려 있는데, 제7구의 시(試)가 시(始)로 달리 표기되어 있다.

27. 이장용(李藏用)

작자 이장용(1201~1272)은 고려 원종 때의 문신이자 학자로, 처음 이름은 인기(仁祺), 자는 현보(顯甫), 본관은 인주(仁州)이고, 중서령(中書令) 자연(子淵)의 6대손이며, 추밀원사(樞密院使) 경(儆)의 아들이다. 서경사록·교서랑 겸 직사관·국자대사성 추밀원승지·추밀원부사·정당문학·참지정사 수태위 감수국사 판호부사·중서시랑평장사 겸 수태부 판병부사 태자태부·문하시랑 동중서문하평장사·문하시중 등을 역임하였고, 경원군 개국백에 봉해졌으며 태자태사가 더해졌다. 경사(經史)에 밝고 음양(陰陽)·의약(醫藥)·율력(律曆)에 통달하였으며, 문장에 능하고 불서(佛書)도 깊이 연구하였다. 시호는 문진이다.

단풍

밤에 잎새 하나 지는 소리에 놀랐더니,
서리 내린 아침 온 수풀이 문득 변했구나.
햇살에 푸른 남기 흩어지는 것을 아쉬워하다 보니,
어느새 흰머리 생겨나라고 재촉했나봐.
황폐한 정원을 보노라니 불현듯 가을 시름 깊어지고,
먼 산을 바라보니 밝은 석양빛이 아찔하네.
작년 이맘때 사신 가던 연연산에서
병풍처럼 둘러친 산길 가던 일이 생각나누나.

一葉初驚落夜聲 千林忽變向霜晴

最憐照破青嵐影 不覺催生白髮莖
廢苑瞞盱秋思苦 遙山唐突夕陽明
去年今日燕然路 記得屛風嶂裏行

<紅樹>

평설 제3구의 청람(青嵐)은 산에 푸르스름하게 연기나 안개 같은 것이 끼는 것을 말한다.

제5구의 만우(瞞盱)는 바라보며 아찔함을 느낀다는 뜻이다.

제6구의 당돌(唐突)은 부딪친다는 뜻인데, 여기서는 어떤 광경이 눈에 번쩍 띄는 것을 말한다.

제7구의 연연(燕然)은 흉노 땅에 있는 산 이름이다. 작자가 몽고에 사신으로 갈 때 지나간 곳이다.

이제현은 ≪역옹패설≫ 후집에 이 시의 경련인 제5~6구를 소개한 뒤 금나라 때 <단풍>시를 지은 양비경(楊飛卿)도 이 구절에는 무릎을 꿇지 않을 수 없을 것이라고 하였다.

김택영(金澤榮)도 ≪소호당속집(韶濩堂續集)≫ 제4권에서 이 시의 경련을 들어, 격조가 높고 묘하며, 사람들이 미처 생각하지 못한 것을 표출하였다고 하였다.

이 시는 ≪동문선≫ 제14권과 ≪청구풍아≫ 제4권에도 실려 있다.

스스로 느긋해서

세상만사는 다만 한번 웃고 말 일일뿐,
저 푸른 하늘에 구한다고 될 일이랴.
그저 우리의 도가 어떤가를 알면 그만,
저물녘에 홀로 다락에 기댄들 무엇하랴.

萬事唯宜一笑休 蒼蒼在上豈容求
但知吾道何如耳 不用斜陽獨倚樓

<自寬>

평설 첫 구에서는 약간 하늘에 원망하는 뜻을 내비치었으나, 제2구 이하를 보면 하늘에 모든 일을 맡기고자 하는 생각이 엿보인다.

제4구의 '홀로 다락에 기댄다'는 말은 두보가 지은 <강상(江上)> 시의 "벼슬길에 나아가 행하다가 물러난 신세 홀로 다락에 기대었네.(行藏獨倚樓)"라는 구절을 끌어온 것이다.

서거정은 ≪동인시화≫ 하권에 이 시를 소개하고, 마지막 구에 심원(深遠)한 맛이 있다고 평하였다.

김종직은 ≪청구풍아≫ 제6권에서 이 시의 의미가 매우 유장(悠長)하다고 평하였다.

이 시는 ≪동문선≫제20권에도 실려 있다.

28. 임규(任奎)

작자 임규(?~1171)는 고려 명종 때의 문신으로, 처음 이름은 극충(克忠), 본관은 장흥(長興)이고, 문하시중을 지낸 원후(元厚)의 맏아들로, 인종의 비인 공예태후(恭睿太后)와 남매간이다. 추밀부사 · 동지추밀원사 · 한림학사 · 중서시랑평장사 등을 역임하였다. 시호는 문숙(文肅)이다.

황려 객사 다락에서

으스름 달빛 속에 새는 물가로 날아들고,
안개 자욱한 강엔 물결이 제멋에 철썩거리는데,
고깃배는 어느 곳에 머무는고,
아득히 들려오는 노랫소리 한 가락.

月黑鳥飛渚 烟沉江自波 漁舟何處宿 漠漠一聲歌

<黄驪県客楼>

평설 제목의 '황려현'은 오늘날의 경기도 여주(驪州), 그곳 객사 다락의 이름은 청심루(淸心樓)다.

최자는 ≪보한집≫ 상권에서 이 시를 평생토록 수도 없이 들어왔다고 하면서, 다만 그 운과 시어가 신기하다고만 생각하고 그 맛을 체득하지는 못하였다고 하였다. 그러면서 이 시의 가치는 실제 경치보다도 더 높다고 극찬하였다.

≪청구풍아≫ 제6권에서 김종직은 "이 시에는 고요함 가운데 움직임의 뜻이 있다."라고 하였다.

이 시는 ≪동문선≫ 제19권에도 실려 있는데, ≪동문선≫과 ≪청구풍아≫에는 다같이 제목을 강촌야흥(江村夜興)이라고 붙여 놓았다.

29. 임춘(林椿)

작자 임춘은 고려 명종 때의 문인으로, 자는 기지(耆之), 호는 서하(西河), 본관은 부안(扶安), 문하시랑 평장사를 지낸 광비(光庇)의 아들이다. 20세 전후에 무신란을 만나 가문 전체가 화를 입은 가운데 그는 겨우 피신하여 목숨은 부지하였으나 조상 대대의 공음전(功蔭田)조차 탈취당한 채 개경에서 5년간 은신하다가 가족을 이끌고 영남지방으로 피신, 7년가량의 유랑생활을 겪었다. 이인로(李仁老)를 비롯한 죽림고회(竹林高會)의 벗들과는 시와 술로 즐기며 현실에 대한 불만과 탄식을 시문으로 나타냈다.

늦은 봄날 꾀꼬리 우는소리

농가에 오디 여물고 보리도 풍성히 익어 가는데,
푸른 나무 위에서 우는 꾀꼬리 소리 처음 듣노라.
서울에서 꽃에 싸여 놀던 나그넨 줄 아는 듯이,
쉬지 않고 은근히 울어만 대는구나.

田家椹熟麥將稠 綠樹初聞黃栗留
似識洛陽花下客 殷勤百囀未曾休

<暮春聞鶯>

평설 제목의 모춘(暮春)은 음력 3월, 곧 '늦봄'을 가리킨다.
제1구의 심(椹)은 뽕나무의 열매인 '오디'를 말한다.

제2구의 황률류(黃栗留)는 황앵(黃鶯), 곧 '꾀꼬리'를 가리킨다.

제3구의 낙양(洛陽)은 고유 지명이 아니라 '서울'이라는 뜻으로 쓰였다.

이인로는 ≪파한집≫ 하권에서 백운자(白雲子) 신준(神駿)이 꾀꼬리 우는소리를 듣고 지은 시와 함께 이 시를 소개하면서, 두 사람이 서로 기약한 것도 아닌데 '처완(悽惋)한 그 표현이 마치 한 사람의 입에서 나온 것 같다'고 하였다. 또한 이 두 사람이 모두 재주가 있으면서도 쓰이지 못하고 천애의 나그네로 떠돌아다니던 모습이 몇 글자 사이에 또렷이 나타난 것을 보면, 시는 과연 마음에서 우러나는 것이라고 덧붙였다.

이제현은 ≪역옹패설≫ 후집에서 최자가 학의 울음소리를 듣고 지은 시와 이 시를 함께 소개한 뒤, 두 작품이 모두 때를 만나지 못한 것을 슬퍼하여 지은 것이라는 공통점이 있다고 지적하였다. 그러나 최자의 시는 기절이 강개하여, 임춘의 시를 그에 견줄 바가 아니라고 하였다.

하겸진은 ≪동시화≫에서 임춘의 시문집이 경상북도 청도의 운문사에서 발간된 지 5백년이 지난 뒤 발견된 사실과 함께 이 시를 소개하면서 '흡사 때를 만나지 못하여 마음이 상해서 지은 것 같다'고 하였다.

임춘의 문집인 ≪서하집≫에는 제목이 <문앵>으로 되어 있고, 첫 구가 '농가에 늦봄이 되니 보리가 익어가기 시작하는데(田家三月麥初稠)'로 달리 표기되어 있다. 이 시는 ≪동문선≫ 제19권에도 실려 있으나, 제1구의 심(椹)이 심으로, 제2구의 초(初)가 시(時)로, 제4구의 증(曾)이 능(能)으로 각각 달리 표기되어 있다. ≪청구풍아≫ 제6권에도 ≪동문선≫과 동일하게 표기되어 있으나, 제2구의 초(初)는 시(時)로 바뀌지 않았다.

외원 벽에 씀

일찍이 문장으로 경사를 떠들썩하게 했는데,
이제는 천지간의 한낱 늙은 서생일세.
이제사 비로소 불문의 맛을 깨달았는데,
절 안에 내 이름 아는 이 하나도 없구려.

早把文章動帝京 乾坤一介老書生
如今始覺空門味 滿院無人識姓名

<書外院壁>

평설 제목의 외원(外院)은 ≪파한집≫의 기록으로 보아 어느 절의 바깥채를 뜻하는 것으로 보인다.

제3구의 공문(空門)은 삼라만상이 모두 공 [일체개공(一切皆空)] 이라고 보는 불문(佛門)을 뜻한다.

이인로는 ≪파한집≫ 하권에 이 시와 관련된 사연을 이렇게 소개하였다. 강남으로 피해 갔던 임춘이 10여 년만에 병든 아내와 함께 서울로 돌아오니 송곳 꽂을 만한 땅도 없었는데, 우연히 어느 절에 놀러가서 두건을 제쳐 쓰고 꼿꼿이 앉아 길게 시를 읊조리니, 그 절의 중이 '그대는 누구인데 오만방자하기가 이와 같으냐'고 물었다. 그러자 임춘은 대답 대신 이 시를 써서 보여주었다는 것이다.

미수와 담지의 집에서 만나

서울 떠나 오래도록 객지에 떠돌면서,
헛되이 남국의 음악 배워 초나라 관을 썼었군.
세월은 양고기 익듯 빠른데 거듭 놀랐고,
시인들은 학 나는 겨울에 다시 모였다네.
10년간 살아온 일을 등불 돋우며 이야기하고,
반평생 좇던 공명을 거울 안고 비춰본다.
늙도록 후배들 따라 다니는 것이 스스로 우습구나,
글 생각도 벼슬할 뜻도 모두 쇠한 주제에.

久因流落去長安 空學南音着楚冠
歲月屢驚羊胛熟 風騷重會鶴天寒
十年契濶挑燈話 半世功名抱鏡看
自笑老來追後輩 文思宦意一時闌

<与眉叟会湛之家>

평설 제목의 미수(眉叟)는 이인로의 자(字), 담지(湛之)는 이담지(李湛之)를 말한다. 이 두 사람과 임춘은 모두 이른바 고려 중기 죽림칠현(竹林七賢)의 구성원들이다.

제1구의 장안(長安)은 '서울'을 뜻한다.

제2구의 남음(南音)은 '중국 남방의 음률', 초(楚)는 '중국 남방의 미개한 나라'를 뜻하는 것으로, 여기서는 '서울을 떠난 시골 생활'을 뜻하는 말이다.

제3구의 양갑(羊胛)은 '양의 어깨 살코기'라는 뜻이다. ≪당서≫ 「회흘전(回紇傳)」에 따르면, 위구르인들이 북해를 건너가면 낮이 길고 밤이 짧아져서 해가 질 때 양고기를 삶다 보면 어느새 동방이 밝아온다고 하였다. 이에 따라 '양고기를 익힌다'는 것은 짧은 시간을 비유하는 말이다.

제4구의 풍소(風騷)는 본디 ≪시경≫의 「국풍(國風)」과 ≪초사(楚辭)≫의 「이소(離騷)」를 가리키는 말로, '시를 짓고 노는 멋진 놀이'를 뜻하는 말로 쓰이게 되었다.

제5구의 계활(契濶)은 '오래도록 만나지 못함'의 뜻이다.

이인로는 ≪파한집≫ 하권에서 시인들이 시를 지을 때 고사를 많이 사용하는 것을 점귀부(點鬼簿)라고 하고 그 예로 소동파와 황산곡의 시를 든 뒤, 임춘도 그 묘리를 얻었다고 하면서 이 시의 함련과 다음에 소개하는 시의 경련을 들고, 동파나 산곡에 비해 부끄럽지 않다고 하였다.

홍만종은 ≪소화시평≫ 상권에서 역대 시인들이 지은 칠언율시 가운데 경구(警句)를 소개하면서 '쓸쓸하고 괴로움을 나타낸 시구'로 이 시의 함련을 들었다.

≪동문선≫ 제13권에도 이 시가 실려 있으나, 제2구의 착(着)이 대(戴)로, 제5구의 활(濶)이 활(活)로 다르게 표기되어 있다. ≪청구풍아≫ 제4권에는 제2구의 '착'이 '대'로, 제3구의 경(驚)이 경(經)으로 달리 표기되어 있다.

미수의 술대접에 사례하여

왕궁에서 한가로이 술 한 병 차고 나섰으니,
문 밖에 때때로 문 두드리는 소리 들렸었군.
내게 은거생활 끝내고 돌아감이 어떠냐고 물었지만,
자네 붙잡아 두고 담소하며 돌아갈 길 늦추었지.
일찍이 자네 배포에 정신이 가득함을 알았었지만,
도무지 자네 가슴엔 비굴하고 인색함이 생겨나지 않더군,
이미 문장으로 일찍이 벼슬길에 올랐으니,
아마 중흥의 삼명도 부럽지 않으리라.

紫薇閑佩一壺行 門外時聞剝啄聲
問我歸來從小隱 留君談笑緩迴程
腹中早識精神滿 胸次都無鄙吝生
已使文章曾竝駕 中興應不羨三明

<眉叟訪余於開寧 以鵝梨旨酒為餉 作詩謝之>

평설 긴 제목은 '미수(이인로)가 개령으로 나를 방문하여 아리지주를 마시게 해주었으므로 시를 지어 사례한다'는 뜻이다. 개령(開寧)은 경상북도 김천시(金泉市)에 있는 고을이다. 아리지주(鵝梨旨酒)는 '배를 원료로 하여 노란빛이 돌도록 빚은 맛좋은 술'을 말하는 듯하다.

제1구의 자미(紫薇)는 옥황상제(玉皇上帝)가 사는 곳으로, 왕궁(王宮)을 뜻한다.

제2구의 박탁성(剝啄聲)은 '문 두드리는 소리'를 말한다.

제3구의 소은(小隱)은 '산이나 덤불 [능수(陵藪)] 에 은거하는 사람'을 가리킨다. 이에 비해 대은(大隱)은 '조정이나 저자거리 [조시(朝市)] 에 은거하는 사람'을 뜻한다.

제6구의 흉차(胸次)는 흉중(胸中)과 같은 말로 '가슴속'이라는 뜻이다.

제8구의 삼명(三明)은 중국 진(晉)나라 때 제갈회(諸葛恢) · 순개(荀闓) · 채모(蔡謨) 등을 가리킨다. 이 세 사람의 자가 모두 도명(道明)이었는데, 당시 이들을 중흥삼명(中興三明)이라고 불렀다고 한다.

이인로는 ≪파한집≫ 하권에서 시인들이 시를 지을 때 고사를 많이 사용하는 것을 '점귀부(點鬼簿)'라고 하고 그 예로 소동파와 황산곡의 시를 든 뒤, 임춘도 그 묘리를 얻었다고 하면서 이 시의 경련과 앞에 소개한 시의 함련을 들고, 동파나 산곡에 비해 부끄럽지 않다고 하였다.

장난 삼아 밀양 원님에게

곱게 단장한 미인 새벽 되자 금비녀 꽂고,
빨리 오라는 부름 받고 멋진 잔치에 참가했네.
원님의 엄한 호령에도 겁내지 않고,
나그네와의 나쁜 인연만 나무라며 화를 내네.
다락에 올라 퉁소 부는 짝이 되기도 전에
월궁으로 달아나 약 훔치는 선녀가 되었구나.
높은 벼슬에 오를 어진 학사에게 말 부치나니,
어진 마음으로 부디 부들 채찍도 들지 마소.

紅粧待曉帖金鈿 爲被催呼上綺筵
不怕長官嚴號令 謾嗔行客惡因緣
乘樓未作吹簫伴 奔月還爲竊藥仙
寄語靑雲賢學士 仁心愼勿施蒲鞭

<戲密州倅>

평설 제목의 밀주(密州)는 오늘날의 경상남도 밀양(密陽)이다. ≪파한집≫ 하권에는 성산(星山), 곧 오늘날의 성주(星州)라고 하였고, ≪신증동국여지승람≫에는 제28권 성주목(星州牧)에 이 시를 소개하고 있으나 잘못인 듯하다. 쉬(倅)는 '지방 고을을 다스리는 수령(守令)'을 뜻한다.

제1구의 홍장(紅粧)은 '미인이 곱게 화장하는 것'을 뜻하는데, 기생(妓生)을 가리키기도 한다. 금전(金鈿)은 '금비녀'다.

제2구의 기연(綺筵)은 '좋은 잔치'를 나타내는 말이다.

제3구의 장관(長官)은 '지방 고을을 다스리는 수령'이라는 뜻이다.

제5구의 취소반(吹簫伴)은 '함께 통소를 부는 짝'을 뜻한다. 춘추시대 진(秦)의 목공(穆公)이 통소를 잘 부는 소사(簫史)에게 자신의 딸인 농옥(弄玉)을 시집보냈다. 농옥은 소사에게 날마다 통소 부는 것을 배웠는데, 솜씨가 좋아지자 통소로 봉황새를 불러 부부가 신선이 되어 갔다고 한다.

제6구의 절약선(竊藥仙)은 '약을 훔쳐먹고 신선이 된 것'을 말한다. 중국 하(夏)나라 때 활을 잘 쏘는 예(羿)라는 사람의 아내인 항아(姮娥)가 남편이 서왕모(西王母)에게서 얻어온 선약(仙藥)을 훔쳐먹고 신선이 되어 월궁(月宮)으로 달아났다고 한다.

제7구의 청운(靑雲)은 '높고 귀한 벼슬', 또는 '출세에 대한 희망'을 뜻한다. 여기서는 밀양의 수령이 앞으로 높은 벼슬을 할 것이라며 추켜세우는 말이다.

제8구의 포편(蒲鞭)은 물 속에 자라는 부들로 엮은 채찍이라는 뜻이다. 이 채찍으로 맞아도 별로 아프지 않으므로, '욕만 보일 뿐 고통을 주지 않는 형벌', 혹은 '관후한 정치'를 뜻하는 말로 쓰인다.

≪파한집≫ 하권에 따르면, 임춘이 사방으로 유랑하다가 성산군(星山郡)에서 머물 때 그를 알아본 군수가 기생을 보내 잠자리를 모시게 하였다고 한다. 그런데 그 기생은 밤에 몰래 달아나 버리고 말았다는 것이다. 이에 섭섭한 마음이 들어 이 시를 지었다고 한다. 그런데 ≪파한집≫에는 이 시의 함련과 경련만을 인용하였는데, 함련과 경련을 뒤바꾸어 소개하였다. 그리고 나서 임춘이 고사를 인용한 것이 매우 정밀하여, 옛사람이 이른바 '금실로써 수를 놓았으나 아무런 흔적이 없다'라고 한 것이 바로 이런 것이라고 칭찬을 아끼지 않았다.

≪동문선≫ 제13권에도 이 시가 실려 있는데, 제8구의 신물시(愼勿施)가 불용시(不用示)로 다르게 되어 있다.

친구가 지어 준 시를 차운하여

10년 동안 기구한 신세로 세상 먼지 다 뒤집어썼고,
오래도록 조물주와 소인배의 시기만 받아왔네.
나루터는 길이 멀어 뗏목으로 이르기 어렵고,
단약은 빛기가 더뎌 솥을 열 수가 없네.
아직도 과거보는 데서 나은의 한을 풀지 못했고,
부질없이 이소경에 굴원의 서러움을 부쳤다네.
맹호연은 워낙 알아주는 친구가 없었던 게지.
총명한 임금께서 언제 재주 없다고 버리셨던가.

十載崎嶇面撲埃 長遭造物小兒猜
問津路遠槎難到 燒藥功遲鼎不開
科第未消羅隱恨 離騷空寄屈平哀
襄陽自是無知己 明主何曾棄不才

<次友人見贈詩韻>

평설 이 시는 같은 제목의 시 두 편 가운데 앞의 것이다.

제1구의 십재(十載)는 '10년'을 뜻한다.

제2구에서 조물주를 조물소아(造物小兒)라고 한 것은 작자가 자신을 불우하게 만든 조물주와 소인배를 원망하는 뜻이 담겨 있는 것이다.

제3구의 문진(問津)은 '학문에 들어가는 길'을 비유적으로 나타낸 말이다.

제4구의 소약(燒藥)이라는 말에는 '단약(丹藥)을 만들어 복용함으로써 신선이 되기를 구한다'는 뜻이 담겨 있다. 따라서 이 시의 전반부에는 조물주의 시기로 10년간 학문의 길도 찾지 못하였고, 그렇다고 양생(養生)의 술법을 터득한것도 아니라는 자조가 깔려 있다.

제5구의 나은(羅隱, ?~909)은 중국 당나라 말기의 시인으로, 여러 차례 과거에 응시하였으나 급제하지 못하였다. 본디 이름은 횡(橫)이었는데 번번이 과거에 낙방하자 이름을 은(隱)으로 바꾸었다. 작자 역시 번번이 과거에 실패하였으므로, 자신의 처지를 나은에게 빗대 말한 것이다.

제6구의 이소(離騷)는 굴원(屈原, B.C.343~B.C.290)이 지은 초사(楚辭)의 한 편이다. 굴원이 초(楚)나라의 종실과 대부들에게 참소를 받고 쫓겨나 그 시름을 노래한 것이다. 여기서는 임춘 자신의 시를 이소에 빗대 말한 것이다. 굴평(屈平)은 굴원을 말한다. 평(平)은 굴원의 자(字)다.

제7구의 양양(襄陽)은 당나라의 시인인 맹호연(孟浩然, 689~740)을 가리킨다. 그의 출신지가 양양이기 때문이다. 그가 장안에 갔을 때 숙직 중인 왕유(王維)를 만나러 궁궐에 들어갔다가, 현종이 갑자기 들이닥치자 상 밑에 숨었다. 왕유가 그 사실을 현종에게 말하자, 현종은 그에게 시를 외워보라고 하였다. 이에 '재주가 없으니 총명한 임금도 버리시고, 병이 많으니 친구도 멀어지는구나(不才明主棄 多病故人疎)'라는 구절을 외우자, 현종은 '경이 짐에게 벼슬을 구하지 않았었으니, 짐도 일찍이 경을 버린 적은 없었지.'라고 하며 그를 보내주었다고 한다.

제8구의 명주(明主)는 '총명한 임금'이라는 뜻으로, 맹호연의 시구절에서 끌어다 쓴 것이다.

≪동인시화≫ 하권에서 서거정은 과거에 낙방하고 지은 이공수(李公遂, 1308~1366)의 시와 이 시를 함께 소개한 뒤, 시에 드러난 두 사람의 기상이 크게 다르다고 하였다. 끝까지 희망을 버리지 않았던 이공수는 마침내 장원으로 급제하여 재상에 이르렀으나, 원망과 자기

비하 의식을 표출한 임춘은 끝내 급제하지 못하였다고 하면서, 시는 마음에서 우러나오는 것인데 경우에 따라서는 하늘이 앞서 이끌어내기도 하는 것 같다고 하였다.

≪소화시평≫ 상권에서 홍만종은 이 시를 소개한 뒤, '공의 문장으로도 끝내 과거에 급제하지 못하였으니, 감개와 비탄의 심정이 시에 나타날 만도 하다.'고 평하였다.

하겸진도 ≪동시화≫ 제1권에서 이 시의 경련을 들어, 임춘은 문학적인 재주로써 당대의 으뜸이었고 사륙문에서는 더욱 독보로 일컬어졌는데도 끝내 명성을 이루지 못하였고 천수도 누리지 못하였다고 하면서 스스로 아픈 마음을 표현한 것이 이 시라고 하였다.

이 시는 ≪동문선≫ 제13권과 ≪청구풍아≫ 제4권에도 실려 있는데, 제목이 <차우인운(次友人韻)>으로 달리 붙여져 있다.

방문에 사례하며

서울에 장마진 뒤에,
나를 생각해서 멀리 찾아왔구먼.
적막한 이 오막살이에,
머물고 있는 네 마리 말이 끄는 수레.
늘 굶주리는 궁색한 두보의 모습이나,
병 없이 늙은 유마 거사이기도 하네.
내 집에 이름 남기고 가지 말게나,
명성이 다시 날까 두려우니까.

長安霖雨後 思我遠相過 寂寞蝸牛舍 徘徊駟馬車
恒飢窮子美 非病老維摩 莫署吾門去 聲名恐更多

<謝人見訪>

평설 제목으로 보아 어떤 사람이 찾아와 준 데 대해 감사의 뜻을 노래한 시다.

제1구의 장안(長安)은 '서울'을 가리킨다.

제3구의 와우(蝸牛)는 달팽이집처럼 비좁은 '오막살이'를 뜻한다.

제4구의 사마거(駟馬車)는 네 마리의 말이 끄는 수레로, 찾아온 사람이 서울의 고관임을 암시해준다.

제5구의 자미(子美)는 당나라의 시인인 두보(杜甫)의 자다.

제6구의 유마(維摩)는 유마힐(維摩詰)이라고도 하는데, 부처의 제자로 깨달음을 얻고서도 세속에서 보살행을 닦고 있는 거사(居士)다.

서거정은 ≪동인시화≫ 하권에서 '예로부터 곤궁한 사람의 시어는 메마르고 궁색하며 파리하고 싱겁다.'라고 한 뒤 이 시의 경련을 들었다.

30. 조영인(趙永仁)

작자 조영인(1133~1202)은 고려 신종 때의 문신으로, 본관은 횡성(橫城)이며, 상서 시언(時彦)의 아들이다. 전주사록·좌사원외랑·우승선·동지추밀원사·참지정사·정당문학·한림학사승지·수태위상주국·권판이부사·판이부사·개부의동삼사 수태사 문하시랑평장사 감수국사·문하시중 등을 역임하였다. 신종의 묘정에 배향되었으며, 시호는 문경(文景)이다.

안화사에서 왕명으로

전단향 피우는 법당이 겹겹이 여러 층이라,
멀리까지 향내 풍기니 귤주가 이곳인 듯.
일찍이 원대한 계획 세워 명승지를 차지하고,
아름다운 풍치로 인해 높은 다락을 지었도다.
앞의 샘이 은하로 통하니 장건이 다녀간 듯,
뒷산이 하늘을 받치고 있으니 기우도 없으리라.
다행히 좋은 때를 만나 거둥을 명하시어,
잠시 머물며 구경하다가 그윽한 곳을 다시 찾네.
양쪽 근위병들의 환성이 흡족하고,
원근 골짜기와 산에는 화기가 떠오르네.
오경을 알리는 호각소리에 무사히 새벽은 밝고,
황하 굽이굽이 맑으니 태평성대로다.

주왕께서 베푸신 잔치에 상체장을 노래하고,
한무제 읊조린 추풍사에 가을을 느끼도다.
다만 삼귀의를 다하여 복리를 빌 뿐,
감히 사사를 아울러 노닐기를 제멋대로 하랴.
군은이 하해처럼 넓으니 물고기들 서로 즐기고,
영원무궁할 성수에 학도 절로 부끄러우리라.
내일 아침 어가가 돌아가는 줄 아는 듯,
동구에 자욱한 안개가 깊은 시름에 잠겼구나.

梅檀寶殿許多層 十里香風髣橘洲
曾爲遠圖占勝地 又因嘉致創高樓
前泉通漢騫應路 後嶽支天杞不憂
幸値良辰仍命駕 小留淸賞更探幽
東西仗衛歡聲洽 遠近溪山協氣浮
角奏五更無事曉 河澄九曲大平秋
周王賜宴歌常棣 漢帝吟風感蓐收
只罄三歸資福利 敢幷四事恣遨遊
君恩海闊魚相樂 聖壽天長鶴自羞
似識明朝廻鳳輦 洞門煙景慘爲愁

<扈従安和寺応製>

평설 제목의 ‘안화사’는 고려 예종이 창건한 절로, 송악산 자하동에

있다고 한다.

제1구의 전단(栴檀)은 향나무 또는 향의 일종이다.

제2구의 귤주(橘洲)는 중국 오나라 때 이위(李衛)가 감귤 천 그루를 심었다는 무릉(武陵)의 범주(汎州)를 가리킨다. 그곳에 바람이 불면 향기가 멀리까지 퍼졌다고 한다.

제5구의 건(騫)은 중국 한나라 때의 인물인 장건(張騫)을 가리킨다. 그가 서역에 사신으로 갔다가 은하(銀河)에 올랐다는 전설이 있다.

제6구의 기우(杞憂)는 옛날 기나라의 어떤 사람이 하늘이 무너지고 땅이 꺼지면 어찌할까 근심하였다는 이야기로, 공연한 걱정을 뜻한다.

제11구의 오경(五更)은 날이 샐 무렵인 오전 3~5시경을 말한다.

제12구의 구곡(九曲)은 황하의 굽이를 가리키는 말로, 백 리에 작은 굽이, 천리에 큰 굽이를 이루면서 아홉 굽이를 거쳐 바다로 들어간다고 한다. 황하는 백년만에 한번씩 맑아지는데 [백년하청(百年河淸)], 이때 성인이 출현한다는 말이 있다.

제13구의 상체(常棣)는 ≪시경≫ 소아(小雅) 녹명지습(鹿鳴之什)에 있는 시로, 형제간의 우애를 읊은 노래다.

제14구의 한제음풍(漢帝吟風)은 한무제가 추풍사(秋風辭)를 지어 읊조린 것을 말한다. 욕수(蓐收)는 가을을 관장하는 귀신을 뜻한다.

제15구의 삼귀(三歸)는 불교용어로, 불(佛)·법(法)·승(僧) 삼보(三寶)에 귀의한다는 삼귀의(三歸依)를 말한다.

제16구의 사사(四事)는 불교용어로, 음식·의복·와구(臥具)·탕약(湯藥) 등 네 가지 공양(供養)을 가리킨다.

제17구의 물고기는 신하를 비유한 말이다.

제18구의 성수(聖壽)는 임금의 수명을 말한다. 천년을 산다는 학이 부끄러워할 만큼 임금이 장수할 것이라고 축수(祝壽)한 말이다.

제19구의 봉연(鳳輦)은 임금이 타는 수레를 가리킨다.

≪동인시화≫ 하권에서 서거정은 이 시의 5, 6구를 소개하고, "말이 험벽(險僻)하기는 하나 또한 기상이 굳세어 숭상할 만하다."라

고 평하였다.

이 시는 ≪동문선≫ 제18권에도 실려 있다.

31. 진온(陳溫)

작자 진온은 고려 강종 때의 문신으로, 호는 죽헌(竹軒), 본관은 여양(驪陽), 병부상서 광수(光脩)의 둘째 아들이며 화(澕)의 형이다. 예빈경 · 지나주사 등을 역임하였다.

가을

금으로 꾸민 섬돌에 맑은 서리 살풋 내리자,
옥 같은 살결에 한기 느껴 솜옷으로 감싸네.
왕손은 <비추부>를 이해하지 못하고,
깊은 규중의 길어져 가는 밤만 좋아하네.

釦砌微微着淡霜 裌衣新護玉膚凉
王孫不解悲秋賦 只喜深閨夜漸長

<詠秋>

평설 제1구의 구(釦)는 금테를 두르는 등 금으로 장식하는 것을 이르는 말이다. 그러나 여기서는 화려한 궁궐 또는 저택의 섬돌을 수식한 말로 이해해야 할 것이다.

제2구의 겹의(裌衣)는 겹으로 만들거나 그 사이에 솜을 둔 겨울옷을 말한다.

제3구의 '비추부'는 전국시대 말엽 초나라의 송옥(宋玉)이 지은 초사(楚辭)로, 정계에서 실의한 슬픔을 노래한 작품이다.

≪청구풍아≫ 제6권에서 김종직은 “왕손의 심사를 그려냈다.”라고 평하였다.

≪소화시평≫ 상권에서 홍만종은 “부귀한 사람의 기상을 묘사하였다.”라고 평하였다.

이 시는 ≪동문선≫ 제20권에도 실려 있다. ≪소하시평≫에는 제1구의 구(釦)가 은(銀)으로 달리 표기되어 있다. 또한 진온을 진화의 아우로 잘못 소개하였다.

32. 진화(陳澕)

작자 진화는 고려 고종 때의 문신으로, 자는 대경(大景), 호는 매호(梅湖), 본관은 여양(驪陽), 병부상서 광수(光脩)의 셋째아들이며, 식(湜) · 온(溫)의 아우다. 내시 · 학정 · 한림 · 지제고 · 정언 · 보궐 · 우사간 등을 역임하였고, 지공주사로 재직 중에 죽었다. <한림별곡(翰林別曲)> 제1장에서 "이정언 진한림 쌍운주필(李正言 陳翰林 雙韻走筆)"이라고 하였듯이 그는 주필로 이름난 시인이다.

금나라에 사신 가며

서쪽의 중화는 이미 쓸쓸해졌고,
북쪽의 변방은 아직도 캄캄하구나.
문명의 아침을 기다리고 앉았노라니,
하늘 동쪽에서 햇살이 붉어 오는구나.

西華已蕭索 北寨尙昏蒙 坐待文明旦 天東日欲紅

<奉使入金>

평설 제목의 금(金)나라는 퉁구스족 계통의 여진족이 건립한 중국의 왕조(1115~1234)다. 작자가 서장관으로 금나라에 들어갈 때 지은 작품으로 알려져 있다.

제1구의 서화(西華)는 몰락해 가는 남송(南宋)을 가리킨다.

제2구의 북채(北寨)는 일반적으로 아직 큰 세력을 형성하지 못한 금나라, 혹은 아직은 누가 중원의 패자가 될 지 알 수 없는 금나라와 몽골을 함께 가리킨다고 풀이한다. 그러나 금나라에 의해 쫓겨간 거란족의 요(遼)나라를 뜻한다는 견해도 있다.

≪보한집≫ 상권에서 최자는 중국에 사신으로 갔던 최사제(崔思齊) · 권술(權述) 등의 시와 함께 이 시를 소개하고, "진화가 서장관으로 조회하러 가면서 '북쪽 변방이 캄캄하다'고 한 것은 예의가 아니다."라고 하였다.

오대산에 노닐며

언제인가 그림에서 보던 오대산은
구름 헤치고 나온 푸른 봉우리가 높고 낮고 하더니,
지금 골짜기마다 물이 다투어 흐르는 곳에 오니,
구름 뚫고 가도 길을 잃지 않아 좋구나.

畵裡當年見五臺 掃雲蒼翠有高低
今來萬壑爭流處 却喜穿雲路不迷

<題五台山>

평설 제목의 오대산(五臺山)은 강원도 강릉시·홍천군·평창군에 걸쳐 있는 산으로, 주봉인 비로봉(毘盧峰)의 높이는 1,563m다. 대한불교조계종 제14교구 본사인 월정사(月精寺), 상원사(上院寺)와 적멸보궁(寂滅寶宮), 북대사(北臺寺), 서대사(西臺寺) 등의 유서 깊은 사찰과 사적 37호인 오대산 사고지 등 문화재가 많다. 1975년 2월에 국립공원으로 지정되었다.

최자는 ≪보한집≫ 중권에서 사대부의 그림이 화공의 그림과 다른 점은 시를 근본으로 하기 때문이라고 하며 정지상(鄭知常)의 <취후(醉後)>라는 시와 함께 이 시를 들었다. 이 시에 대해 최자는 "옛사람이 이른바 '경치 좋은 곳을 대하면 그림을 상상한다'라는 말을 떠올리게 하는 작품"이라고 하였다.

이수광은 ≪지봉유설≫에서 진화의 시가 매우 '맑고 아름답다［청려(淸麗)］'라고 평한 뒤 이 시와 <봄날 김 수재에게 화답하여>라는 시를 소개하였다.

≪동문선≫ 제20권에도 이 시가 실려 있으나, 제4구의 각희(却喜)가 자각(自覺)으로 달리 표기되어 있다.

버드나무

봉성 서쪽 언덕에 휘늘어진 황금빛 버들,
봄 시름 자아내며 어두운 그늘을 만들었네.
끊임없이 불어대는 짓궂은 봄바람에,
안개와 비 일으키다 보니 어느새 깊은 가을이네.

鳳城西畔萬條金 句引春愁作暝陰
無限狂風吹不斷 惹煙和雨到秋深

<柳>

평설 제1구의 봉성(鳳城)은 중국 요녕성(遼寧省) 남동부에 있는 도시로, 중국에 사신으로 가는 이들이 거쳐가던 곳이다.

제2구의 구인(句引)은 유인(誘引)과 같은 뜻을 가진 말이다.

제3구의 광풍(狂風)은 '봄철에 이리저리 어지럽게 부는 바람'을 뜻한다.

≪역옹패설≫ 후집에서 이제현은 이 시를 들고, "정을 돋구는 아름다운 흥취가 유창하고도 아름답다."라고 평하였다. 이어서 당나라 이상은(李商隱)이 버들을 두고 읊은 시를 들고 서로 견주어, "아마도 진화가 이상은의 시를 모방한 듯하다."라고 추정하였다. 그러고는 황정견(黃庭堅)의 시 구절 가운데 "남을 따라 계책을 세우면 끝내는 남에게 뒤지는 것, 스스로 일가를 이루어야 핍진한 경지에 이르게 되리."라는 대목을 들어, 이 시가 모방에 그친 아쉬움을 털어놓았다.

홍만종은 ≪소화시평≫ 상권에서 "시를 민첩하게 지어 백운거사 이규보와 함께 이름을 날렸다."라고 진화를 소개한 뒤 이 시를 들고, 이제현의 평을 받아들여 '유창하고 아름다워 읊조릴 만하다' 라고 하였다.

하겸진도 ≪동시화≫ 제1권에서 이 시에 대한 이제현의 평을 그대로 수용하였다.

이 시는 ≪청구풍아≫ 제6권에도 실려 있다.

늦봄

비 온 뒤 뜨락에는 이끼가 우부룩하고,
인적이 고요하여 사립문은 한낮에도 닫혀 있네.
이끼로 푸른 댓돌에는 떨어진 꽃이 한 치나 쌓여,
봄바람에 이리저리 밀려다니네.

雨餘庭院簇莓苔 人靜柴扉晝不開
碧砌落花深一寸 東風吹去又吹來

<春晚題山寺>

평설 제1구의 매태(莓苔)는 '이끼'를 말한다.

제3구의 벽체(碧砌)는 이끼가 끼어 푸르게 된 댓돌, 또는 섬돌을 뜻한다.

제4구의 동풍(東風)은 동쪽에서 불어오는 바람, 곧 '봄바람'을 가리킨다.

≪동인시화≫ 상권에서 서거정은 이 시에 대해 평하는 사람들이 제3구의 '떨어진 꽃이 한 치나 쌓여'라는 표현이 이치에 맞지 않는다고 한 지적에 대해 이의를 제기하고, '과장적 표현'에 대한 올바른 이해를 촉구하였다. 다시 말하면, 과장적 표현 자체를 말 그대로 받아들여서는 곤란하며, 과장적 표현을 통해서 나타내고자 한 속뜻을 읽어내야 한다는 것이다.

≪청구풍아≫ 제6권에서 김종직은 김쾌헌(金快軒)이 이 시에 대해 "시에 조예가 깊고 감정이 풍부하다."라고 한 평을 인용하고, "참으로 그렇다."라고 하였다.

이 시는 ≪동문선≫ 제20권과 ≪청구풍아≫ 제6권에도 실려 있는데, 제목이 ≪매호유고(梅湖遺稿)≫와는 달리 모두 <춘만>으로 되어 있고, 제2구의 시비(柴扉)가 쌍비(雙扉)로 다르게 표기되어 있다.

월계사의 저녁 경치

조그만 다락이 푸른 산에 높이 솟아 있어,
비 갠 뒤 올라보니 경치가 한가롭구나.
돛단배는 푸른 연기를 띠고 먼 포구로 돌아가고,
밀물은 누런 갈대밭을 헤집고 앞 물굽이로 들어오네.
하늘의 진신 달을 물이 나눠 가지고,
강가의 본색 산이 구름 사이로 나타나네.
떠도는 나그네, 나처럼 한가한 이 몇이나 될까,
새벽부터 읊조린 것이 갈가마귀 돌아올 때까질세.

小樓高倚碧孱顔 雨後登臨物色閑
帆帶綠煙歸遠浦 潮穿黃葦到前灣
水分天上眞身月 雲漏江邊本色山
客路幾人閑似我 曉來吟到晚鴉還

<月桂寺晚眺>

평설 제목이 ≪동문선≫에는 '월계사 다락 위에서 비 갠 뒤 저녁 경치를 바라보며[月溪寺樓上初晴晚眺]'로 되어 있고, 절 이름도 월계(月桂)와 월계(月溪)로 달리 표기되어 있다. ≪신증동국여지승람≫에 따르면, 월계사(月溪寺)는 제주도에 있는 사찰이다.

제1구의 잔안(孱顔)은 '산이 높이 솟은 모양'을 나타내는 말이다.

제5구의 진신(眞身)은 '부처의 본 모습'을 뜻하는 말로, 여기서는

'하늘에 떠 있는 달의 본 모습'을 가리킨다.

제6구의 본색(本色)도 '본 모습'이라는 뜻이다.

서거정은 ≪동인시화≫ 상권에서 "옛사람들이 시를 지을 때에는 불가의 말을 써서 기이한 기상을 펼친 경우가 많다."라고 하면서 이 시의 경련을 소개한 뒤 이제현의 시와 왕안석의 시를 함께 들어 비교하였다. 그리고 나서 "이제현의 시는 왕안석의 시를 이어받아 쓴 것으로, 진화의 시만큼 뜻이 새롭고 시어가 기발하지 못하다."고 하였다.

이 시는 ≪동문선≫ 제14권에도 실려 있다.

송도에서

아침나절 살짝 내린 비로 가는 먼지도 걷히고,
강에서 갓 떠오른 해는 물결을 붉게 물들였네.
땅에 다닥다닥 붙은 집들은 고기 비늘처럼 즐비하고,
하늘을 찌를 듯한 대궐은 독수리 날개처럼 솟아 있네.
오원의 겹옷 입은 이들은 맑은 날이면 풀싸움하고,
한궁의 선녀들은 술 취하여 복숭아를 나누어주네.
부끄러워라! 오래도록 분에 넘치게 한림원에 있으면서,
맑은 향기에 흠씬 취해 상감을 받들어 모시고 있으니.

小雨朝來卷細毛 浴江初日暈紅濤
千門撲地魚鱗錯 雙闕攙天鷲翼高
吳苑裌衣晴鬪草 漢宮仙袂醉分桃
多慚久忝金閨侍 與倚淸香奉赭袍

<松都>

평설 제목의 송도(松都)는 고려 당시 수도였던 개경(開京)의 다른 이름이다.

제1구의 세모(細毛)는 가는 털, 혹은 미세한 먼지를 가리킨다.

제4구의 참(攙)은 '찌른다'는 뜻이다.

제5구의 오원(吳苑)은 오나라 도읍이 있던 강소성(江蘇省) 소주(蘇州)의 동산을 말하는 것으로, '오원의 겹옷 입은 이'는 귀족 집안의 부녀자를 가리킨다.

제6구의 한궁(漢宮)은 한나라의 궁궐을 뜻하는 것으로, '한궁의 선녀'는 궁녀 혹은 아름다운 여성을 가리키는 말이다. 분도(分桃)는 '먹던 복숭아를 나누어준다'는 뜻으로, 여도담군(餘桃啗君)이라는 고사에서 나온 말이다. 전국시대 위(衛)나라 왕의 총애를 받던 미자하(彌子瑕)라는 아름다운 소년이 먹던 복숭아를 임금에게 바쳐서 칭찬을 들었는데, 그 뒤 임금의 총애를 잃게 되자, 위왕은 먹던 것을 임금에게 주었다며 죄를 물었다고 한다. 여기서는 단순히 궁궐의 풍경을 그리는 정도의 의미를 지니는 것으로 보인다.

제7구의 금규(金閨)는 한나라 때 금마문(金馬門)의 별칭이었는데, 뒤에는 한림원(翰林院)을 가리키는 말로 쓰이게 되었다.

제8구의 자포(赭袍)는 임금이 입는 곤룡포(袞龍袍), 곧 임금을 가리키는 말이다.

≪동인시화≫ 하권에서 시거정은 평양의 모습을 그린 정지상의 시를 먼저 든 뒤 이 시를 들고, '시어가 맑고 새로우며 아름다워서 정지상의 시와 비견할 만하다'라고 평하였다.

≪동문선≫ 제14권과 ≪청구풍아≫ 제4권에는 이 시가 <경도(京都)>라는 제목으로 실려 있다. ≪동문선≫에는 제1구의 권(卷)이 권(捲)으로 표기되어 있고, ≪청구풍아≫에는 제2구의 홍(紅)이 홍(洪)으로 달리 표기되어 있다.

들길을 걸으며

남은 매화도 지고 버들가지 하늘하늘 드리워졌는데,
한가로이 푸른 남기 밟으며 가자니 걸음이 더디네.
어촌의 주점도 문 닫아 사람들의 말소리 드문데,
온 강에 봄비 내리니 빗줄기마다 푸르네.

小梅零落柳僛垂 閑踏靑嵐步步遲
漁店閉門人語少 一江春雨碧絲絲

<野步>

평설 제1구의 소매(小梅)는 봄이 되어 하나둘 떨어지고 남은 매화를 말한다. 기(僛)는 '취하여 춤추는 모양'을 뜻하는데, 여기서는 봄바람에 하늘거리는 버들가지의 모양을 형용한 말이다.

제2구의 청람(靑嵐)은 '봄에 산에서 아지랑이처럼 피어오르는 기운'을 말한다. 풀과 나무의 신록으로 푸르게 보이므로 '청람'이라고 한 것이다.

서거정은 ≪동인시화≫ 하권에서 여름날을 그린 이규보의 시와 이 시를 함께 소개하고, 두 편의 시가 모두 청신하고 환상적이며 한가하고 심원한 맛이 있어 전문적인 평론가라도 우열을 가리기가 어려울 것이라고 하였다.

허균은 ≪성수시화≫에서 진화가 이규보와 함께 이름을 날렸다고 하면서 이 시를 든 뒤 '맑고 굳세어서 읊조릴 만하다'라고 평하였다.

이 시는 ≪동문선≫ 제20권에도 실려 있다.

봄날 김 수재에게 화답하여

나무에 가득 핀 붉은 봄꽃은 이슬 머금어 우는 듯한데,
문에 비치는 수양버들에는 까마귀가 숨으려 하네.
시 짓는 것도 참다운 흥취에는 방해가 되려니,
봄바람이 떨어진 꽃잎 쓸어 가는 것만 한가롭게 바라보네.

滿樹春紅泣露華 暎門垂柳欲藏鴉
作詩亦是妨眞興 閑看東風掃落花

<春日和金秀才>

평설 이 시는 모두 2수인데, 위의 시는 두 번째 작품이다.

제1구의 춘홍(春紅)은 '붉은 봄꽃'을 뜻한다. 노화(露華)는 '반짝이는 이슬'을 말한다.

제2구의 수류(垂柳)는 가지가 늘어지는 '수양버들'이다.

이수광은 ≪지봉유설≫에서 진화의 시가 매우 '맑고 아름답다[청려(淸麗)]'라고 평한 뒤 이 시의 후반부와 앞에 들었던 <오대산에 노닐며>라는 시를 소개하였다.

≪동문선≫ 제20권에도 이 시가 실려 있다.

영곡사

이미 절벽에 다다라 장송을 굽어보고,
다시 가는 지팡이를 짚으며 층층의 사다리를 밟는다네.
도리어 우습구나! 유람인의 마음이 너무 조급해,
한 번 와서는 최고봉에 오르려 하다니.

已臨絶壑俯長松 更踏層梯策瘦筇
還笑遊人心太躁 一來欲上最高峰

<靈鵠寺>

평설 제목의 '영곡사'는 ≪보한집≫ 중권에 따르면 충청북도 중원군(中原郡)에 있던 절이다.

이수광은 ≪지봉유설≫에서 이 시의 후반부를 들고, "몹시 긴박하여 남은 맛이 없기 때문에 작자가 멀리 이르지 못한 것은 당연하다."라고 평하였다.

하겸진은 ≪동시화≫ 제1권에서 이수광의 시평을 그대로 소개하였다.

이 시는 ≪동문선≫ 제20권에도 실려 있다.

33. 천인(天因)

작자 천인(1205~1248)은 고려 고종 때의 승려로, 성은 박씨(朴氏), 청원군 문의면 출신이며, 만덕산 백련사(白蓮社)의 제2세다. 과거에 실패하자 실의에 빠져 출가를 결심하고 백련의 원묘국사(圓妙國師) 요세(了世)를 찾아가서 승려가 되었다. 그 뒤 송광산 수선사(修禪社)의 혜심(慧諶)으로부터 조계선(曹溪禪)의 요령을 습득하고, 다시 백련사로 돌아와 2년 동안 머물다가 지리산에 은거하며 요세의 천태교관(天台教觀)을 전수 받았다. 요세의 권유로 백련사의 제2세가 되었으나 얼마 뒤 제자에게 법을 전한 뒤에 물러났다. 1247년에 몽고족이 침입하여오자 난을 피하여 상왕산의 법화사(法華寺)에 머물다가 이듬해 용혈암(龍穴庵)에서 문인들을 모아 임종게(臨終偈)를 남기고 입적하였다. 시호는 정명국사(靜明國師)다.

냉천정

바위를 깨내어 작은 정자를 지었더니,

푸른 벼랑에서 한 줄기 찬 샘물이 솟아나네.

그 누가 알랴? 청량한 경계에 이르면,

가만 앉아 인간의 번뇌를 깨우치게 하는 것을.

鑿破雲根構小亭 蒼崖一線洒冷冷

何人解到淸凉界 坐遣人間熱惱惺

<冷泉亭>

평설 제목의 냉천정은 오늘날의 문경시에 있는 공덕산(功德山), 혹은 사불산(四佛山)의 백련사에 있던 정자다.

제1구의 운근(雲根)은 바위틈에서 구름이 생겨난다는 뜻으로 바위를 가리키는 말이다.

제4구의 열뇌(熱惱)는 번뇌(煩惱)와 같은 뜻이다.

≪소화시평≫ 하권에서 홍만종은 고려시대에 시를 잘 짓는 스님들이 많았다고 하면서 굉연 · 원감 · 나옹 등의 시와 함께 이 시를 소개하고, "감정표현과 주변 경치의 묘사가 모두 교묘하여 각기 여유롭고 아담한 정취를 나타내기에 이르렀다."라고 칭찬하였다.

≪동문선≫ 제20권에도 이 시가 실려 있다.

34. 최균(崔均)

작자 최균(?~1174)은 고려 명종 때의 문신으로 전주최씨(全州崔氏) 사도공파(司徒公派)의 파조로, 자는 간유(幹儒)다. 소부주부・합문지후・호부원외랑・예부낭중 겸 태자문학・내시낭중・내시예부낭중・동북로도지휘사・예부시랑・병마부사 등을 역임하였다. 조위총(趙位寵)의 난에 피살되었다. 예부상서에 추증되었다가 아들 보순(甫淳)・보연(甫延)이 크게 현달하여 상서좌복야(尙書左僕射)로 가증(加贈)되었다.

버들시에 화답함

하느님은 다정도 하셔라. 버들가지를 붙여 놓으시고,
잎을 가위로 잘라 가꾸어 내시니 더욱 고와라.
눈이 녹고 나면 황금빛이 살짝 어렸다가,
날이 따스해지면 푸른 실가지가 한들거리네.
서시가 눈썹 찌푸리듯 마치 한이 있어 보이지만,
소만의 가는 허리로도 그 교태를 당할 수가 없네.
벼슬도 한가하고 사람도 드문 적막한 곳에서,
얼마나 봄바람에 불려 흔들거리나.

造物多情着柳梢 剪刀裁出更妖妖
雪消暗膩黃金色 日暖輕拖碧縷條

西子眉嚬如有恨 小蠻腰細不勝嬌

冷官寂寞人稀處 幾被春風取次搖

<和詠柳>

평설 제1구의 조물(造物)은 조물주(造物主), 곧 하느님을 뜻한다.

제2구의 요요(妖妖)는 아리따운 모습을 형용한 말이다.

제3구는 눈이 녹고 봄바람이 불 무렵 새싹이 돋아 황금빛으로 보이는 버들가지를 이른 것이다. 이(膩)는 기름이나 때가 낀다는 뜻으로, 여기서는 황금빛 물이 드는 것을 말한다.

제5구의 서자(西子)는 중국 춘추시대 월(越)나라의 미인인 서시(西施)를 가리킨다. 서시는 가슴앓이 병이 있어 간혹 미간을 찌푸렸다고 한다.

제6구의 소만(小蠻)은 당나라 때의 시인인 백거이의 애첩으로, 허리가 가늘고 춤을 잘 추었다고 한다.

제7구의 냉관(冷官)은 '낮은 벼슬'이나 '한가한 직위'를 가리키는 말이다.

≪소화시평≫ 상권에서 홍만종은 고려시대의 아름다운 7언시 가운데 하나로 이 시의 경련을 들었다.

이 시는 ≪동문선≫ 제12권에도 실려 있다.

35. 최자(崔滋)

작자 최자(1188~1260)는 고려 고종 때의 문신으로, 처음 이름은 종유(宗裕) 또는 안(安), 자는 수덕(樹德), 호는 동산수(東山叟), 본관은 해주(海州)이고, 문헌공 충(冲)의 6대손이며, 우복야 민(敏)의 아들이다. 상주사록 · 국자감 학유 · 급전도감녹사 · 제주태수 · 정언 · 상주목사 · 전중소감 · 보문각대제 · 국자감대사성 · 지어사대사 · 상서우복야 · 한림학사 · 추밀부사 · 중서평장사를 역임하였고, 수태사 · 문하시랑 · 동중서문하평장사 · 판이부사에 이르렀다. 시호는 문청(文淸)이다.

학 우는소리를 듣고

구름 걷힌 드높은 하늘에 달이 마냥 밝은데,
소나무에 깃들인 외로운 학, 맑은 흥을 겨워하네.
온 산의 원숭이와 새들이 알아주지 않으니,
성긴 깃털 쪼아 가다듬으며 한밤에 울어대네.

雲掃長空月正明 松巢獨鶴不勝淸
滿山猿鳥知音少 刷盡疎翎半夜鳴

<国子監直廬 聞採真峰鶴唳>

평설 제목은 '국자감에서 숙직을 하다가 채진봉에서 학 우는소리를 듣고'라는 뜻이다. 국자감(國子監)은 고려시대 국가의 교육기관이다. 직려(直廬)는 숙직실을 말한다. 채진봉(採眞峰)은 개성의 고려 왕성에

있던 봉우리다.

제4구의 쇄진(刷盡)은 쇄모(刷毛)와 같은 말로, 새가 부리로 깃털을 쪼아 깨끗하게 가다듬는 것을 말한다.

≪역옹패설≫ 후집에서 이제현은 임춘의 <문앵(聞鶯)>시와 함께 이 시를 들고, 두 시가 모두 불우(不遇)를 슬퍼하여 지은 것이라고 하였다. 그리고 두 시를 비교하여 최자의 이 시는 기절(氣節)이 강개하여 임춘의 시로서는 비교할 바가 아니라고 하였다.

≪청구풍아≫ 제6권에서 김종직은 이 시가 작자 자신이 처한 상황을 노래한 것으로, 불평하는 소리인 듯하다고 하였다.

이 시는 ≪동문선≫ 제20권에도 실려 있다. ≪역옹패설≫에는 제2구의 독(獨)이 숙(宿)으로, 제4구의 쇄진(刷盡)이 독쇄(獨刷)로 달리 표기되어 있다.

36. 탄지(坦之)

작자 ≪역옹패설≫ 후집에 의하면, 탄지는 과거에 급제하여 시로 명성이 있었는데, 출가하여 호를 취봉(鷲峯)이라고 하였다고 한다.

떨어진 배꽃

수많은 옥룡이 여의주를 다투던 날,
바다 밑의 양후가 떨어진 비늘을 줍는 듯하네.
슬그머니 봄바람에 실어다 꽃시장에 팔고 나니,
동군은 가만히 앉아 홍진을 뿌렸구나.

玉龍百萬爭珠日 海底陽侯拾敗鱗
暗向春風花市賣 東君容易散紅塵

<落梨花>

평설 제1구의 옥룡(玉龍)은 배꽃을 비유한 말이다.

제2구의 양후(陽侯)는 수신(水神)의 이름이다. 패린(敗鱗)은 여의주를 다투던 용에서 떨어진 비늘을 뜻한다.

제4구의 동군(東君)은 동황(東皇)이라고도 하는데, 봄을 맡은 신의 이름이다.

≪역옹패설≫ 후집에서 이제현은 이 시와 김구(金坵)가 지은 같은 제목의 시를 견주어 지은이의 수단은 참으로 제각기 다른 것이라면서, 탄지의 이런 시를 '시골 글방의 시'라고 하였다.

37. 혜문(惠文)

작자 혜문(?~1234)은 고려 고종 때 가지산문(迦智山門)의 승려로, 성은 남씨(南氏), 자는 빈빈(彬彬), 호는 월송화상(月松和尙)이며, 고성 출신이다. 30세가 넘어 승과에 급제하여 대선사에 이르렀다. 화악사(華嶽寺)·운문사(雲門寺) 등에 머물렀다. 성품이 강직하여 당대의 사대부들이 그를 좋아하였는데, 이인로(李仁老)·이규보(李奎報)·최종선(崔宗善)·유충기(劉冲基) 등과 교유하였으며, 시 짓기를 즐겨 산인체(山人體)를 체득하였다.

보현원

자옥한 향로 연기 속에 불경 외는 소리,
고요한 방안에서 환하게 밝아오는 마음.
문밖 대로에는 사람들이 이리저리 오가지만,
바위 옆 노송에 걸린 달은 예나 이제나 그대로.
고요한 절 새벽바람에 목탁소리 가득한데,
뜨락에 내린 가을이슬에 이울어 가는 파초잎.
내 거리낌없이 고승과 마주 앉아,
하룻밤 주고받은 이야기, 그 값은 일만 금.

爐火烟中演梵音 寂寥生白室沉沉
路長門外人南北 松老巖邊月古今

空院曉風饒鐸舌 小庭秋露敗蕉心

我來寄傲高僧榻 一夜淸談直萬金

<普賢院>

평설 제목의 '보현원'은 경기도 장단(長湍)에 있던 절이다.

제2구의 적료생백(寂寥生白)은 ≪장자≫ 인간세편에 나오는 허실생백(虛室生白)과 같은 말로, '아무 것도 없는 텅 빈 방에 눈부신 햇빛이 비쳐 환히 밝다'는 뜻이다. 여기서 텅 빈 방은 욕심 없는 마음을 비유한 것이요, 밝게 비치는 햇빛은 도(道)를 가리키는 것이라고 한다.

제7구의 기오(寄傲)는 도연명이 <귀거래사>에 보이는데, "남쪽 창에 거리낌없이 기대니, 좁은 방도 편안히 여겨지네.(倚南窓以寄傲 審容膝之易安)"라고 한 대목이 그것이다.

제8구의 치(直)는 치(値)와 같은 글자로, 값을 뜻한다.

≪백운소설≫에서 이규보는 그윽한 아치(雅致)가 자유자재로 담겨 있다고 하였다. 또한 이 시의 함련을 사람들이 전해 가면서 외운 까닭에 작자는 송월화상이라는 별명을 얻게 되었다는 사연도 적혀 있다.

이 시는 ≪동문선≫ 제13권, ≪청구풍아≫ 제4권, ≪신증동국여지승람≫ 제12권 장단도호부 불우조에도 실려 있는데, ≪청구풍아≫에는 제1구의 중(中)이 고(古)로 달리 표기되어 있다.

38. 황보탁(皇甫倬)

작자 황보탁은 고려 명종 때의 문신으로 본관은 영천(永川)이다. 기거주·춘주도 찰방사·대사성 등을 역임하였다.

작약

꽃은 주인이 없다고 뉘 일렀던가,
상감께서 날마다 친히 보시는 것을.
초여름을 맞았는데도,
홀로 남은 봄을 안타까워하누나.
낮잠은 바람이 불어 깨워주고,
새벽 단장은 비가 씻어주어 산뜻하군.
그렇다고 궁녀들이여 샘일랑 내지 마오,
비슷하게 아름다워도 진짜 미인은 아니니.

誰道花無主 龍顔日賜親 也應迎早夏 獨自殿餘春
午睡風吹覺 晨粧雨洗新 宮娥莫相妬 雖似竟非眞

<芍藥>

평설 제1구의 도(道)는 말한다는 뜻이다. 제4구의 전(殿)은 끙끙거리며 안타까워하는 모양을 가리킨다.

이인로는 ≪파한집≫ 하권에 이 시의 유래에 대해 다음과 같이 기록하였다.

의종 초년에 황보탁은 과거에 응시한 지 열 번만에 장원으로 뽑혔다. 마침 의종이 상림원에 거둥하였다가 작약을 구경하고 마침내 시 한 편을 지었는데, 시종하던 신하들이 화답을 하지 못하였다. 이때 황보탁이 이 시를 지어 바치니, 의종이 크게 칭찬하고 후한 상을 내렸다.

그리고는 지은이가 의종의 지우(知遇)를 얻어 한림원과 대간(臺諫)에 10여 년이나 출입하였다고 하면서, 임금이 신하를 알아주는 것은 천년에나 한번 있는 일인데 시 한 편으로 그런 만남이 이루어졌다며 부러워하였다.

≪동인시화≫ 상권에서 서거정은 이 시의 수련(首聯)과 미련(尾聯)을 소개하고, 이 시를 지은 것으로 지은이의 이름이 세상에 알려졌다고 하였다. 이어서 중국 송나라 때 진종(眞宗)의 시에 화답한 진사도(陳師道)의 시와 견주어, 이 시가 진사도의 시를 답습하였다고 하였다. 진사도의 시에는 은연중에 미색에 대한 경계가 들어 있지만, 이 시에는 궁녀들이 총애를 질투할 꼬투리를 지은이 스스로 열어 놓았다고 하면서, 그 득실에 있어서 너무도 차이가 크다고 하였다.

39. 황빈연(黃彬然)

작자 황빈연은 고려 의종 때 장원으로 급제한 인물로, 그 밖의 행적은 자세하지 않다. ≪파한집≫에는 황빈연으로 되어 있는데, ≪보한집≫에는 황빈빈(黃彬彬)으로 기록되어 있다. 아마도 ≪보한집≫의 이름이 잘못 표기된 것이 아닌가 생각된다.

한가위에 숙직 서며

초가을과 늦가을의 중간 달이요,
덥기도 하고 서늘하기도 한 철이로다.
봄밤은 어쩌면 그렇게도 고요한데,
가을 저녁은 유난히도 시끌시끌하네.
달빛이야 봄가을이 같겠지만,
사람의 마음이 그런 것이겠지.
그대는 이 일을 판가름할 수 있을 테니,
봄과 가을 어느 경치가 과연 낫던가.

季孟中間朔 炎凉一樣天 春宵何闃寂 秋夕獨喧闐
月色應同爾 人心所使然 知君能決事 此景果誰先

<中秋直玉堂>

평설 제목의 중추(中秋)는 추석(秋夕)을 말한다. 옥당(玉堂)은 고려시대 홍

문관(弘文館)의 별칭이다.

제1구의 계(季)는 음력 9월인 계추(季秋), 맹(孟)은 음력 7월인 맹추(孟秋)를 뜻한다.

제3구의 격(闃)은 고요해서 인기척조차 없는 것을 말한다.

제4구의 전(闐)은 사물이 성하여 가득 찬 것을 뜻한다.

제7구의 군(君)은 오세문(吳世文)을 가리킨다.

≪파한집≫ 상권에서 이인로는, 장원급제한 지은이가 추석날 옥당에서 숙직할 때 구름 한 점 없이 높은 하늘에 달빛이 대낮처럼 밝은지라 이 시를 지어 함께 근무하던 오세문에게 보여주었다고 하면서, 이 시를 음미하여 보니 깊은 이치와 정취가 있다고 평하였다. 이에 대한 화답시를 보지 못하였다고 하면서 이인로 자신이 화답시를 지어 그 뒤에 실었다.

40. 황순익(黃純益)

작자 황순익은 고려 명종 때의 문신으로, 술을 좋아하고 자유분방하게 행동한 까닭에 승진하지 못하고 낮은 벼슬에 그쳤다고 한다. 그가 죽던 날, 이웃 사람의 꿈에 그가 흰 양산을 펼쳐 들고 백두산의 옛 집으로 돌아가는 것을 보고 백두산의 정령이라고 여겼다는 이야기가 ≪파한집≫에 실려 있다.

차를 선물한 데 감사하며

맹 간의가 노동에게 차를 기증하니,
양 겨드랑이에서 맑은 바람이 솔솔 이는 듯.
왕 상국이 안국에게 차를 기증하니,
푸르스름한 보름달이 높은 하늘에서 떨어지는 듯.

孟諫議之寄盧仝 習習淸風生兩腋
王相國之贈平甫 團團碧月墮九天

<?>

평설 제1구는 중국 당나라 때 간의대부로 있던 맹 아무개가 차의 품평을 잘하는 것으로 알려져 있던 노동(盧仝)에게 차를 선물하였을 때 노동이 감사의 뜻으로 <주필사맹간의기신차(走筆謝孟諫議寄新茶)>라는 시를 지어 부친 옛일을 가리킨다.

제2구의 습습(習習)은 봄바람이 부드럽게 부는 모양을 말한다.

제3구의 '왕상국'은 중국 송나라 때 재상을 지낸 왕안석(王安石)을 가리키고, '평보'는 그의 아우인 왕안국(王安國)의 자(字)다.

제4구의 단단(團團)은 둥근 모양을 뜻한다. 구천(九天)은 드높은 하늘을 뜻한다.

≪파한집≫ 하권에서 이인로는 작자가 기이한 재주를 지녔다고 하면서, 그가 젊은 시절 태학에서 글을 읽다가 입이 마를까봐 남에게서 차를 얻고는 사례하는 뜻에서 이 시를 지었다고 하였다. 이 시에 이어 학(鶴)을 두고 지은 시의 한 연을 더 소개하고, "그의 빼어남이 이와 같으므로 선비들이 모두 그를 경외하였다."라고 칭찬하였다.

■작자 총색인

편역자

성균관대 문과대 국어국문학과 문학사
한국정신문화연구원 한국학대학원 문학석사
성균관대학교 대학원 문학박사
현재 상명대학교 한국어문학과 교수

저서 『고려후기 사대부문학의 연구』, 『고려 사대부 작가론』,
『따져보며 읽어보는 우리 옛이야기』
역서 『완역 천예록』(공역), 『국역 동패락송』, 『국역 기문총화』 1~5,
『국역 수촌만록』, 『국역 청야담수』 1~3, 『국역 현호쇄담』,
『국역 동상기찬』, 『옛 문인들의 붓끝에 오르내린 고려시 ①』
외 논문 다수

陶南學術研究叢書 ③

옛 문인들의 붓끝에 오르내린 고려시 ②
-고려중기(무신집권기) 편-

초판 1쇄 찍음 • 2006년 2월 23일
초판 1쇄 펴냄 • 2006년 2월 28일
옮긴이 • 김동욱 / **펴낸이** • 박성복
펴낸곳 • 도서출판 월인
서울특별시 강북구 수유2동 252-9
등록 • 제6-0364호 / **등록일** • 1998년 5월 4일
대표전화 • (02) 912-5000 / **팩스** • (02) 900-5036
http://www.worin.net

ISBN 89-8477-317-4 94810
ISBN 89-8477-145-7 (세트)

값 7,000원